annabrevet
HATIER 2001

sujets

Histoire
Géographie
Éducation civique

Jean Brignon
ancien IPR

HATIER

Principe de couverture :
Lacombe-Pingaud

Réalisation :
François Lecardonnel

Maquette de principe :
Tout Pour Plaire

Mise en pages :
Triptyque

Schémas et cartographie :
Édigraphie - Echo Graphic

Coordination éditoriale :
Claire Dupuis et Josiane Attucci

❑ Cette vignette signale les sujets traités dans *Annabrevet 2001 Histoire-Géographie Corrigés*.

Hatier sur Internet : www.editions-hatier.fr

© Hatier Paris août 2000   ISSN 1168-3783   ISBN 2-218-73341-2

Toute représentation, traduction, adaptation ou reproduction, même partielle, par tous procédés, en tous pays, faite sans autorisation préalable, est illicite et exposerait le contrevenant à des poursuites judiciaires. Réf. : loi du 11 mars 1957, alinéas 2 et 3 de l'article 41. Une représentation ou reproduction sans autorisation de l'éditeur ou du Centre Français d'Exploitation du droit de Copie (20, rue des Grands-Augustins, 75006 Paris) constituerait une contrefaçon sanctionnée par les articles 425 et suivants du Code pénal.

Avant-propos

▶ Vous avez en main les annales du brevet. Vous y retrouverez **les sujets** d'histoire, de géographie et d'éducation civique de la session de juin 2000, ainsi que les exercices de repérages spatiaux et chronologiques. Tout au long de l'année, avec votre professeur ou seul lors de vos révisions, vous pourrez vous entraîner, vous évaluer grâce à ces sujets.
▶ Cet ouvrage se double d'un autre, proposant des **corrigés** des sujets sur chaque grand point du programme.
▶ Les *Annabrevet* vous préparent directement à l'examen :
– en vous rappelant **le programme** d'histoire et de géographie ;
– en vous donnant des **conseils pour bien gérer** le temps de l'examen.
▶ Enfin, vous trouverez à la fin de ces *Annabrevet* quelques dates importantes, quelques définitions, les biographies qu'il faut connaître et quelques chiffres avec lesquels il est bon que vous soyez familiarisés.

Bon courage !

Sommaire

Index des sujets par académie et par type d'épreuve 10
Index thématique des documents 12
Programme de l'épreuve 18
– Histoire et géographie 18
– Éducation civique 20
– Repères chronologiques et spatiaux 22
Durée et nature de l'épreuve 25
Conseils de méthode pour réussir l'examen 27

▶ Les sujets précédés d'une vignette ❑ sont traités dans *Annabrevet Corrigés 2001*

Histoire-géographie

1. GUERRES, DÉMOCRATIE, TOTALITARISME

▶ Dans cette partie, les sujets d'histoire sont en italique. Les autres sujets sont ceux de géographie.

A. La Première Guerre mondiale et ses conséquences

1 ❑ *La Première Guerre mondiale : une guerre totale*
(Besançon, Dijon, Lyon, Nancy-Metz, Reims, Strasbourg,
juin 2000, série technologique) 33

B. L'URSS de Staline

2 ❑ *L'URSS de Staline : un régime totalitaire*
(Amérique du Nord, juin 2000) 37

3 *L'URSS de Staline, un État totalitaire*
(Pondichéry, session 2000) 40

C. La France des années de crise : 1931-1936
Le Front populaire en France

4 ❑ *La France et l'Allemagne dans la crise des années
1930 (Afrique, juin 2000)* 42

5 *Les crises des années trente : l'expérience du Front
populaire en France (Réunion, Madagascar, juin 2000)* 45

D. L'Allemagne nazie

6 ❑ *L'Allemagne nazie : un État totalitaire* (Nantes, juin 2000) **47**
7 *L'Allemagne nazie* (Limoges, juin 2000, série technologique) .. **50**
8 *L'Allemagne nazie et le génocide des juifs*
(Polynésie, juin 2000, collège) **52**
9 *Le système concentrationnaire nazi*
(Grèce, Tunisie, juin 2000, collège) **54**
10 *Comment la politique d'extension de l'Allemagne nazie entraîne-t-elle le déclenchement de la Seconde Guerre mondiale en Europe ?* (Limoges, juin 2000, collège) **57**

E. La Seconde Guerre mondiale

11 *Le régime de Vichy (1940-1944) : un État autoritaire*
(Centres étrangers groupe Est, session 2000) **59**
12 ❑ *Les Français divisés pendant la Seconde Guerre mondiale*
(Amiens, Créteil, Lille, Paris, Rouen, Versailles, juin 2000) **61**
13 *Les EFO participent à la Seconde Guerre mondiale*
(Polynésie, juin 2000, série technologique) **63**

2. ÉLABORATION ET ORGANISATION DU MONDE D'AUJOURD'HUI

A. L'évolution démographique, la croissance économique et leurs conséquences sociales et culturelles

14 ❑ *La croissance économique et l'évolution du mode de vie dans les pays développés depuis 1945* (Besançon, Dijon, Lyon, Nancy-Metz, Reims, Strasbourg, juin 2000, collège) **68**

B. L'inégale répartition des richesses dans le monde

15 Les inégalités du monde d'aujourd'hui (Amiens, Créteil, Lille, Paris, Rouen, Versailles, juin 2000, collège) **71**
16 ❑ La diversité des pays du Sud (Rennes, juin 2000, collège) **73**

C. Un monde urbanisé

17 ❑ L'urbanisation dans le monde (Limoges, juin 2000, collège) **75**
18 Évolution de l'urbanisation dans le monde
(Polynésie, juin 2000, collège) **79**

| 19 | Les grandes métropoles mondiales : points communs et différences (Amérique du Nord, juin 2000) 81

D. De la guerre froide à la dislocation des blocs

| 20 | *L'Europe de l'après-guerre à nos jours* (Grenoble, juin 2000, séries collège et technologique) 85
| 21 | *Les changements de frontières en Europe depuis 1945* (Rennes, juin 2000, série technologique) 88
| 22 | ❑ *Les relations internationales de 1945 à aujourd'hui* (Poitiers, juin 2000, collège) 92
| 23 | *L'évolution des relations internationales depuis 1945 : l'exemple de l'Allemagne* (Asie, juin 2000) 95
| 24 | *La guerre froide à travers l'exemple de l'Allemagne (1947-1989)* (Clermont-Ferrand, juin 2000, séries collège et technologique) 97
| 25 | ❑ *L'Allemagne au cœur des relation Est-Ouest (1945-1990)* (Caen, juin 2000, collège) 101
| 26 | *L'Allemagne et Berlin depuis 1945* (Orléans-Tours, juin 2000, séries collège et technologique) ... 103
| 27 | *Décolonisation et conflits régionaux : l'ensemble de l'Inde* (Guadeloupe-Guyane-Martinique, juin 2000) 106

3. LES PUISSANCES ÉCONOMIQUES MAJEURES

A. Les États-Unis

| 28 | Les facteurs de la puissance des États-Unis (Poitiers, juin 2000, série technologique) 109
| 29 | Les multiples aspects de la puissance des États-Unis d'Amérique dans le monde (Rennes, juin 2000, séries collège et technologique) 111
| 30 | Les États-Unis : première puissance économique mondiale (Besançon, Dijon, Lyon, Nancy-Metz, Reims, Strasbourg, juin 2000, séries collège et technologique) 114
| 31 | La puissance américaine (Bordeaux, juin 2000, collège) 116
| 32 | La puissance américaine dans le monde (Grenoble, juin 2000, série technologique) 118
| 33 | La puissance des États-Unis dans le monde (Limoges, juin 2000, série technologique) 120
| 34 | ❑ La domination mondiale des États-Unis (Orléans-Tours, juin 2000, séries collège et technologique) 122

35 La puissance des États-Unis d'Amérique
(Guadeloupe-Guyane-Martinique, juin 2000, collège) **125**

B. Le Japon

36 L'organisation de l'espace japonais (Aix-Marseille,
Corse, Montpellier, Nice, Toulouse, juin 2000, collège) **128**
37 ❏ La puissance économique du Japon
(Pondichéry, session 2000) **131**
38 La puissance japonaise et ses limites
(Caen, juin 2000, collège) **133**

C. L'Union européenne

39 L'Union européenne : une puissance en construction
(Amiens, Créteil, Lille, Paris, Rouen, Versailles,
juin 2000, série technologique) **136**
40 L'euro, la nouvelle monnaie de onze pays de l'Union
européenne (Polynésie, juin 2000, série technologique) **138**
41 ❏ L'Union européenne, une puissance économique mondiale
(Session juin 2000, Centres étrangers groupe Est) **142**
42 L'élargissement de l'Union européenne
(Grèce, Tunisie, juin 2000, collège) **144**

4. LA FRANCE

A. La IVe et la Ve République

43 ❏ *Les transformations économiques et sociales de la France
de 1945 à 1975* (Clermont-Ferrand, juin 2000,
séries collège et technologique) **147**
44 La France depuis 1945 : les transformations de la société
(Aix-Marseille, Corse, Montpellier, Nice, Toulouse,
juin 2000, collège) **149**

B. L'économie française

45 L'agriculture française : mutations et difficultés
face à la mondialisation (Poitiers, juin 2000, collège) **152**
46 ❏ Les mutations de l'agriculture française
(Nantes, juin 2000, séries collège et technologique) **155**
47 ❏ Les mutations récentes de l'industrie française
(Grenoble, juin 2000, collège) **157**

7

| 48 | Quel est le rôle des activités tertiaires dans l'organisation du territoire français ? (Asie, juin 2000) **159**
| 49 | Le tourisme en France (Madagascar, juin 2000) **162**
| 50 | ❏ Le tourisme : une activité importante participant à la puissance de la France (Afrique, juin 2000) **165**

Éducation civique

1. LE CITOYEN, LA RÉPUBLIQUE, LA DÉMOCRATIE

| 51 | La citoyenneté (Polynésie, juin 2000, collège) **171**
| 52 | Quelques aspects de la citoyenneté (Limoges, juin 2000, série technologique) **173**
| 53 | La citoyenneté européenne (Amiens, Créteil, Lille, Paris, Rouen, Versailles, juin 2000, séries collège et technologique) **175**
| 54 | La citoyenneté de l'Union européenne (Centres étrangers groupe Est, session 2000) **178**
| 55 | La Nation et les valeurs de la République en France (Pondichéry, session 2000) **180**
| 56 | ❏ Symboles et valeurs de la République dans la vie des Français (Besançon, Dijon, Lyon, Nancy-Metz, Reims, Strasbourg, juin 2000, séries collège et technologique) **182**
| 57 | *La Marseillaise*, un symbole important de la République française (Rennes, juin 2000, série technologique) **184**
| 58 | ❏ Voter, un droit et un devoir de citoyen (Bordeaux, juin 2000, collège) **185**
| 59 | Voter : un droit et un devoir (Orléans-Tours, juin 2000, séries collège et technologique) **187**
| 60 | Voter aujourd'hui en France (Grenoble, juin 2000, séries collège et technologique) **189**
| 61 | L'importance du vote des citoyens en France (Rennes, juin 2000, collège) **191**

2. L'ORGANISATION DES POUVOIRS DE LA RÉPUBLIQUE

| 62 | Comment fonctionnent les institutions de la Ve République dans l'exemple étudié ? (Asie, juin 2000) **193**
| 63 | ❏ Rôle et pouvoir du président de la République française (Afrique, juin 2000) **195**

3. LA CITOYENNETÉ POLITIQUE ET SOCIALE

64 Les institutions de la France, la cohabitation sous
la Vᵉ République (Polynésie, juin 2000, série technologique) **197**
65 ❐ La participation des citoyens à la vie politique, économique
et sociale en France (Caen, juin 2000, collège) **200**
66 Les associations : des moyens d'agir en citoyen
(Poitiers, juin 2000, collège) **202**

4. LES DÉBATS DE LA DÉMOCRATIE

67 ❐ La liberté des médias et la démocratie
(Amérique du Nord, juin 2000) **205**
68 L'opinion publique et le rôle des médias (Aix-Marseille,
Corse, Montpellier, Nice, Toulouse, juin 2000, collège) **207**
69 Les avantages et les risques d'Internet
(Grèce, Tunisie, juin 2000, collège) **208**

5. LA DÉFENSE ET LA PAIX

70 Le citoyen et la Défense nationale (Clermont-Ferrand,
juin 2000, séries collège et technologique) **211**
71 La solidarité et la coopération internationale
dans le monde d'aujourd'hui (Nantes, juin 2000,
séries collège et technologique) **213**
72 ❐ La solidarité et la coopération internationales :
réalités et limites (Réunion, Madagascar, juin 2000) **215**
73 L'ONU et la paix dans le monde
(Guadeloupe-Guyane-Martinique, juin 2000, collège) **217**

Exercices de repérage

74 à **96** Repérages chronologiques et spatiaux
(❐ : 74 à 84, 86 à 88, 90 à 92) **221**

Annexes

Lexique **255**
Biographies **269**
Chiffres-clés **273**

Index des sujets de juin 2000

par académie et par type d'épreuve

Les numéros renvoient à la numérotation générale des sujets.

	Histoire	Géographie	Éducation civique	Repérages
Aix-Marseille	44	36	68	86
Amiens	12	15, 39	53	74
Besançon	1, 14	30	56	75
Bordeaux		31	58	77
Caen	25	38	65	78
Clermont-Ferrand	24, 43		70	79
Corse	44	36	68	86
Créteil	12	15, 39	53	74
Dijon	1, 14	30	56	75
Grenoble	20	32, 47	60	76
Lille	12	15, 39	53	74
Limoges	7, 10	17, 33	52	81
Lyon	1, 14	30	56	75
Montpellier	44	36	68	86
Nancy-Metz	1, 14	30	56	75
Nantes	6	46	71	82
Nice	44	36	68	86
Orléans-Tours	26	34	59	80
Paris	12	15, 39	53	74
Poitiers	22	28, 45	66	83
Reims	1, 14	30	56	75
Rennes	21	16, 29	57, 61	84, 85
Rouen	12	15, 39	53	74
Strasbourg	1, 14	30	56	75
Toulouse	44	36	68	86
Versailles	12	15, 39	53	74

	Histoire	Géographie	Éducation civique	Repérages
Afrique	4	50	63	87
Asie	23	48	62	89
Pondichéry	3	37	55	92
Polynésie	8, 13	18, 40	51, 64	93, 94
Amérique du Nord	2	19	67	88
Centres étrangers (Est)	11	41	54	90
Grèce, Tunisie	9	42	69	96
Guadeloupe, Guyane, Martinique	27	35	73	95
Réunion, Madagascar	5	49	72	91

Index thématique des documents

Les numéros renvoient à la numérotation générale des sujets.

Histoire et géographie

❶ Guerres, démocratie, totalitarisme

A. LA PREMIÈRE GUERRE MONDIALE ET SES CONSÉQUENCES

Texte : témoignage d'un écrivain engagé dans le conflit (B. Cendrars)	1
Affiche de propagande de 1915	1

B. L'URSS DE STALINE

Texte : Katia, fille de paysan russe (V.A. Kravchenko)	2
Texte : une conférence du parti communiste en 1937 (A. Soljénitsine)	2
Photographie officielle de Staline (1935)	2
Affiche de propagande soviétique (1937)	3
Carte des camps et chantiers du goulag (années 30)	3

C. LA FRANCE DES ANNÉES DE CRISE (1931-1936) ET LE FRONT POPULAIRE

Courbes : production industrielle et chômage	4
Texte : le vote des pleins pouvoirs à Hitler (A. François-Poncet)	4
Affiche du Front populaire (19836)	4, 5
Extraits des Accords Matignon (7 juin 1936)	5
Caricature : la plage 1936 (Dubosc)	5

D. L'ALLEMAGNE NAZIE

Affiche « Oui ! Führer nous te suivons ! »	6
Extrait d'une chanson des jeunesses hitlériennes	6
Extrait de *Mein Kampf*	7, 10
Extraits des lois de Nuremberg (1935)	7, 8
Texte : la mise au pas : la formation de la jeunesse (H. Rauschning)	7
Texte : la « solution finale » (F. Bédarida)	8
Statistiques sur le génocide des juifs (Hilberg)	8
Extraits du traité de Versailles (1919)	10
Carte : les agressions nazies (1933-1939)	10
Textes : témoignages de déportés à Auschwitz	9

E. LA SECONDE GUERRE MONDIALE

Actes constitutionnels de Vichy : les pouvoirs du chef de l'État	11

Affiche : « Maréchal, nous voilà » (1941)	11
Texte : le contrôle de l'information à Vichy	11
Extrait du message de Pétain (30 octobre 1940)	12
La rafle du Vél-d'Hiv (extraits de rapports de police)	12
Graffiti de résistants (1944)	12
Texte : les EFO dans la guerre	13

❷ Élaboration et organisation du monde d'aujourd'hui

A. L'ÉVOLUTION DÉMOGRAPHIQUE, LA CROISSANCE ÉCONOMIQUE ET LEURS CONSÉQUENCES SOCIALES ET CULTURELLES

La transformation du niveau de vie depuis 1945 (J. Marseille)	14
L'évolution de la population active dans les pays développés	14
Publicité d'une agence de voyages	14

B. L'INÉGALE RÉPARTITION DES RICHESSES DANS LE MONDE

Les inégalités à l'échelle de chaque pays (rapport de l'ONU, 1998)	15
Photographie et plan : São Paulo	15, 19
Carte : le PNB par habitant (1998)	15
Qu'est-ce que le « tiers-monde » ? (A. Sauvy, 1952)	16
Carte : les « Suds »	16

C. UN MONDE URBANISÉ

Carte : la population urbaine dans le monde vers 1990	17
Carte : l'accroissement des grandes agglomérations (1996)	17
Texte : « Le Caire étouffe » (A. Buccianti, 1994)	17
Tableaux : évolution de l'urbanisation (1996)	18
Texte : campagnes désertées, villes surpeuplées (1995)	18
Texte : l'attrait des villes dans les pays pauvres (Bataillon, 1992)	18
Les villes du tiers-monde (J.-F. Pérouse, 1993)	19

D. DE LA GUERRE FROIDE À LA DISLOCATION DES BLOCS

Préambule du traité de Rome	20
Carte : l'Europe dans les années 1950	20
Carte : l'Europe aujourd'hui	20
Carte : l'Europe en 1948	21
Carte : les nouveaux États en Europe (1990-1999)	21
Carte : les systèmes d'alliances pendant la guerre froide	22
Photomontage : Berlin (1990)	22

Carte : l'Allemagne de 1949 à 1989	23
Photo et texte : J. F. Kennedy devant le mur de Berlin (23 juin 1963)	23
Texte : « L'Allemagne, an 10 » (*Le Monde*, 10-11-1999)	23
Carte : les deux Allemagne et Berlin en 1949	24
Texte : le début de la construction du Mur (*Le Monde* 12-13-08 1961)	25
Texte : la chute du Mur (1990)	25
Caricature de Plantu sur le Mur (*Le Monde*, 1989)	26
Texte : Discours d'Ali Jinnah sur la partition de l'Inde (1946)	27
Carte : les États issus de l'Inde britannique (1947)	27

❸ Les puissances économiques majeures

A. LES ÉTATS-UNIS

Texte : New York, capitale d'Internet (1997)	28
Tableau : évolution de l'emploi dans quelques secteurs-clés	28
Classement boursier des dix plus riches entreprises mondiales (1998)	28, 31
Plan de New York	29
La domination américaine (dessin de Charb, *Télérama*, 1997)	29
Les principales productions industrielles	30
Texte : l'agriculture américaine, instrument de la puissance (Dorel, 1998)	30
Carte : les capitaux américains investis dans le monde	30
Texte : les États-Unis et le monde au XXe siècle (Nouaillah, 1997)	31
Caricature : la France et les États-Unis	31
Carte : les usines Ford dans le monde	33
Carte : les États du G8	34
Texte : la domination culturelle des États-Unis	35

B. LE JAPON

Carte : répartition de la population	36
Carte : l'espace industriel japonais	36
Photo : le littoral près de Keiyo	36
Tableau : l'industrie japonaise en 1997	37
Texte : le Japon, puissance commerciale (Dorel)	37
Carte : les pôles industriels et portuaires	37
Tableau : repères sur la puissance japonaise (1998)	38

C. L'UNION EUROPÉENNE

Texte : Airbus dans la cour de Boeing (*Le Courrier picard*, 1997)	39
Carte : les grands pôles des échanges mondiaux	38, 39

Texte : la défense dans l'Union européenne (*Le Monde*, 13-12-1999)	39
Texte : la création de l'euro	40
Carte : les pays de l'euro	40
Tableau : indicateurs de puissance économique (U.E., États-Unis, Japon, monde), 1998	41
Carte : l'Union européenne dans les échanges mondiaux	41
Texte : Airbus, un exemple de réussite (*Les Échos*, 1999)	41
Texte : l'Estonie veut intégrer l'UE (1999)	42
Carte : l'extension de l'Union européenne	42
Texte : Europe, un géant émerge (*Le Monde, Dossiers et Documents*, janvier 2000)	42

❹ La France

A. LA IVᵉ ET LA Vᵉ RÉPUBLIQUE

Données statistiques : l'évolution de la France de 1946 à 1975	43
Texte : la France en 1964 (*Newsweek*, 1964)	43
Texte : rapport sur la vie dans les villages du Massif central en 1959	44
Tableau : évolution des populations urbaines et rurales (1931-1990)	44
Tableau : évolution du taux d'équipement des ménages (1960-1997)	44

B. L'ÉCONOMIE FRANÇAISE

Tableau : évolution des exploitations agricoles et des actifs agricoles (1970-1995)	45
Texte : McDo en France (1999)	45
Texte : trois générations d'agriculteurs (*Ouest-France*, 5-12-1999)	46
Texte : difficultés de l'agriculture (J.-R. Pitte, 1997)	46
Carte : les mutations récentes de l'industrie	47
Texte : des localisations nouvelles (D. Noin, 1998)	47
Carte : l'espace touristique français métropolitain	48, 49, 50
Carte : les grands axes de communication	48
Carte : les actifs dans le tertiaire	48
Graphique : le tourisme international en France (1975-1998)	49
Tableau : les apports du tourisme (1998)	50
Texte : le développement d'ACCOR (1999)	50

| 15

Éducation civique

❶ Le citoyen, la République, la démocratie

Extraits de la Déclaration des droits de l'homme et du citoyen (1789)	51
Extraits du traité sur l'Union européenne (1992)	51, 54, 60
Texte : le civisme (R. Debray, 1998)	52
Photo : carte électorale	52, 58
Texte : le droit de vote dans les autres pays européens	52, 53
Caricature de Plantu : les champions du monde de football (1998)	55
Texte : la Nation selon E. Renan	55
Extraits de la Constitution de la Vᵉ République	55, 56, 58, 60
Photo : les champions du monde de football (1998)	56
Texte : *La Marseillaise* dans les camps de concentration	56
Texte : *La Marseillaise* dans la Résistance	57
Texte : les élections européennes de juin 1999 (*Le Monde* 15-6-1999)	59
Affiche : « Votez »	61

❷ L'organisation des pouvoirs de la République

Extraits de la Constitution de la Vᵉ République	62, 63, 64
Décret du 21 avril 1997 : portant dissolution de l'Assemblée nationale	62
Texte : une nouvelle cohabitation (*Le Midi libre*, 3 juin 1997)	62
Texte : le président de la République en Amérique centrale (*Ouest-France*, 16 novembre 1998)	63
Texte : les délégués du personnel (*Les Clés de l'actualité* n° 267, 1997)	65
Texte : Nîmes et les associations (1999)	66
Extrait de la loi du 1ᵉʳ juillet 1901 sur les associations	66

❸ Les débats de la démocratie

Texte : les droits et responsabilités de la presse	67
Texte : les médias et la violence urbaine (*Libération,* 12 janvier 1998)	68
Extraits de la loi du 1ᵉʳ juillet 1881 sur la presse	68
Textes : les risques d'Internet	69

❹ La défense et la paix

Texte : vers la fin de la conscription (*L'Histoire*, février 1997)	**70**
Extraits : loi du 28 octobre 1997 sur la réforme du service national	**70**
Extraits de la charte des Nations unies (1945) sur la coopération	**71, 72, 73**
Texte : Action de l'UNICEF en Asie du Sud (1997)	**71**
Publicité : message de Médecins sans frontières (1999)	**71**
Texte : une action de l'OMS (*Le Nouvel Observateur*, juillet 1998)	**72**
Caricature de Plantu : l'annulation de la dette (*Le Monde*, 1999)	**72**

Programme de l'épreuve

HISTOIRE ET GÉOGRAPHIE

Le monde d'aujourd'hui

On part de cartes du monde actuel pour montrer, à partir d'exemples choisis par les enseignants, comment l'histoire et la géographie peuvent conjointement aider à le comprendre.

1. 1914-1945 : GUERRES, DÉMOCRATIE, TOTALITARISME

Histoire
1. La Première Guerre mondiale et ses conséquences.
2. L'URSS de Staline.
3. Les crises des années 1930, à partir des exemples de la France et de l'Allemagne.
4. La Seconde Guerre mondiale.

Géographie

▶ **Cartes** : l'Europe et le monde en 1914. L'Europe dans les années vingt. L'Europe en 1939. La France en 1940. L'Europe et le monde en 1942. L'Europe et le monde en 1945.
▶ **Documents** : extraits du traité de Versailles. Un roman ou un témoignage sur la guerre de 1914-1918. Des affiches politiques et de propagande en France, URSS, Allemagne. Filmographie : Jean Renoir – S.M. Eisenstein. Discours du maréchal Pétain du 17 juin 1940. Appel du général de Gaulle du 18 juin. Extraits du statut des juifs (1940). Témoignages sur la déportation et le génocide. Témoignages sur la Résistance.

2. ÉLABORATION ET ORGANISATION DU MONDE D'AUJOURD'HUI

Histoire
De 1945 à nos jours : croissance, démocratie, inégalités.
1. La croissance économique, l'évolution démographique et leurs conséquences sociales et culturelles.
2. De la Guerre froide au monde d'aujourd'hui (relations Est-Ouest, décolonisation, éclatement du monde communiste).

Géographie
Géographie du monde d'aujourd'hui.
1. Les échanges, la mobilité des hommes, l'inégale répartition de la richesse et l'urbanisation.
2. Géographie politique du monde.

▶ **Cartes** : le monde bipolaire. La décolonisation. La population mondiale. Les échanges mondiaux. Les inégalités dans le monde. Géographie politique du monde actuel et de ses zones de conflit.
▶ **Documents** : extraits de la doctrine Truman et de la doctrine Jdanov. Discours de J.F. Kennedy devant le mur de Berlin : « *Ich bin ein Berliner* » (23 juin 1963). Un témoignage sur la décolonisation.

3. LES PUISSANCES ÉCONOMIQUES MAJEURES

Histoire

Géographie
1. Les États-Unis.
2. Le Japon.
3. L'Union européenne.

▶ **Cartes** : l'organisation spatiale des États-Unis et du Japon. L'Union européenne (carte politique).

4. LA FRANCE

Histoire
1. La France depuis 1945.

Géographie
1. Les mutations de l'économie française et leurs conséquences géographiques.
2. La France, puissance européenne et mondiale.

▶ **Cartes** : les activités économiques. La France en Europe. La France dans le monde.
▶ **Documents** : préambule de la Constitution de 1946. Extraits du discours de Bayeux (1946). Documents sur la décolonisation française. Photos du général de Gaulle et de Konrad Adenauer à Reims (1963) et de François Mitterrand avec Helmut Kohl à Verdun (1984). Documents sur les mutations de la société.

 ÉDUCATION CIVIQUE

I. LE CITOYEN, LA RÉPUBLIQUE, LA DÉMOCRATIE

La citoyenneté.
Les valeurs, principes et symboles de la République.
La démocratie.
▶ **Documents de référence :**
– La Constitution de 1958 (Préambule, article 1er, titre premier) ;
– Loi de 1905 sur la séparation des Églises et de l'État ;
– Loi sur la nationalité - 17 mars 1998 ;
– Traité sur l'Union européenne - deuxième partie : la citoyenneté de l'Union, (articles 8, 8 A, 8 B, 8 C, 8 D) ;
– Convention européenne (préambule), 1950.

II. L'ORGANISATION DES POUVOIRS DE LA RÉPUBLIQUE

Les institutions de la Ve République.
L'administration de l'État et les collectivités territoriales.
Les institutions françaises et l'Union européenne.
Les élections.

▶ **Documents de référence :**
– La Constitution de 1958 (Titre II) ;
– Les lois de décentralisation du 2 mars 1982 (notamment article 59) ; du 7 janvier et du 22 juillet 1983 (Titre I, article 2 à 26).

III. LA CITOYENNETÉ POLITIQUE ET SOCIALE

Les acteurs.
Le citoyen dans la vie sociale.

▶ **Documents de référence :**
– La Constitution de 1958 (article 4) ;
– Déclaration universelle des droits de l'homme de 1948 - (articles 22-23 et 24) ;
– La loi du 1er juillet 1901 sur les associations.

IV. LES DÉBATS DE LA DÉMOCRATIE

L'opinion publique et les médias (thème obligatoire).
L'État en question (au choix).
L'expertise scientifique et technique dans la démocratie (au choix).
La place des femmes dans la vie sociale et politique (au choix).

▶ **Documents de référence :**
– La loi du 1er juillet 1881 sur la liberté de presse ;
– La Constitution de 1958 - Préambule et titre premier ;
– Les lois du 29 juillet 1994 sur la bioéthique ;
– La loi du 30 décembre 1991 : la recherche sur la gestion des déchets radioactifs ;
– La Constitution de 1958 - article 3.

V. LA DÉFENSE ET LA PAIX

La Défense nationale, la sécurité collective et la paix.
La solidarité et la coopération internationale.
▶ **Documents de référence :**
– La Constitution de 1958 (articles 5 - 15 - 21 - 34 et 35) ;
– Charte des Nations unies de 1945 (article 1 et chapitre 7) ;
– Traité sur l'Union européenne du 7 février 1992 - Titre V : Dispositions concernant une politique étrangère et de sécurité commune.

 REPÈRES CHRONOLOGIQUES ET SPATIAUX

Histoire

Le programme de Troisième constitue l'aboutissement de l'enseignement de l'histoire au collège. Pour être étudié dans de bonnes conditions, il suppose acquis un sens de la durée sur le long et sur le court terme. Dans cet esprit, un certain nombre de repères chronologiques et culturels mis en place les années précédentes doivent être connus.

▶ **Programme de Sixième**
VIIIe millénaire av. J.-C. : naissance de l'agriculture (Mésopotamie). IVe millénaire av. J.-C. : naissance de l'écriture. IIe -Ier millénaires av. J.-C. : le temps de la Bible. Ve siècle av. J.-C. : apogée d'Athènes (Périclès, le Parthénon). 52 av. J.-C. : victoire de César sur Vercingétorix à Alésia. Ier siècle : début du christianisme. IIe siècle : apogée de l'Empire romain. Ve siècle : dislocation de l'Empire romain.

▶ **Programme de Cinquième**
496 : baptême de Clovis. 622 : l'hégire (début de l'ère musulmane). 800 : couronnement de Charlemagne. 987 : avènement d'Hugues Capet. XIIIe siècle : Louis IX (Saint Louis) – le temps des cathédrales. 1453 : chute de Constantinople. Milieu du XVe siècle : naissance de

l'imprimerie en Occident (Bible de Gutenberg). 1492 : prise de Grenade – découverte de l'Amérique. XVIe siècle : réformes protestantes (Luther, Calvin).

▶ **Programme de Quatrième**
1661-1715 : règne personnel de Louis XIV (Versailles). Milieu du XVIIIe siècle : l'*Encyclopédie*. Deuxième moitié du XVIIIe siècle : machine à vapeur (James Watt) – début de l'âge industriel. 1789 : prise de la Bastille – Déclaration des droits de l'homme et du citoyen. 1792 : proclamation de la République. 1804-1815 : premier Empire (Napoléon Ier). 1815-1848 : monarchie constitutionnelle en France. 1848-1852 : seconde République (suffrage universel – abolition de l'esclavage). 1852-1870 : second Empire (Napoléon II). 1870-1940 : troisième République. 1885 : Pasteur découvre le vaccin contre la rage. 1898 : Affaire Dreyfus.

▶ **Programme de Troisième**
Août 1914, début de la Première Guerre mondiale. 1917 : révolutions russes. 11 novembre 1918 : armistice. 1929 : collectivisation des terres en URSS. Janvier 1933 : Hitler, chancelier. 1935 : lois de Nuremberg. 1936-1938 : grands procès de Moscou. 1936 : lois sociales du Front populaire. Septembre 1939 : invasion de la Pologne. 18 juin 1940 : appel du Général de Gaulle. 1944 : droit de vote des femmes. 1945 : Sécurité sociale. Mai 1945 : capitulation allemande. Août 1945 : Hiroshima. 1947 : Plan Marshall ; indépendance de l'Inde. 1947-1958 : IVe République. 1949 : République populaire de Chine. 1954-1962 : guerre d'Algérie. 1957 : traité de Rome. 1958-1969 : les années De Gaulle. 1981-1995 : les années Mitterrand. 1991 : éclatement de l'URSS. 1992 : traité de Maastricht.

Géographie

Le programme de Troisième constitue l'aboutissement de l'enseignement de la géographie au collège. Pour être étudié dans de bonnes conditions, il suppose acquise la maîtrise de localisations fondamentales sans lesquelles l'étude de l'organisation du monde n'aurait pas de sens. Les élèves doivent donc être capables d'identifier en les nommant ou en complétant une légende, ou de localiser sur un fond de carte les repères spatiaux suivants :

▶ **Grands repères terrestres** : équateur, tropiques, cercles polaires. Zones chaudes, tempérées, froides. Continents et océans. Grandes chaînes de montagnes : Himalaya, Andes, Rocheuses, Alpes. Forêts denses (Amazonie, Afrique centrale). Déserts (Sahara). Les grands fleuves : Nil, Congo, Gange, Yangzi, Amazone, Mississippi. Les isthmes de Suez et de Panama ; le détroit de Gibraltar.

▶ **Population** : États et villes d'Afrique, d'Asie et d'Amérique : les foyers de très fortes densités humaines, les mégalopoles américaine et japonaise. Les États du Maghreb, l'Égypte. L'Union indienne, la Chine, le Japon, les États-Unis, le Canada, le Mexique, le Brésil. Le Caire, Pékin (Beijing), Shanghai, Bombay, Calcutta, Tokyo, New York, Los Angeles, São Paulo, Mexico.

▶ **L'Europe** : les mers principales : Méditerranée, mer du Nord, mer Noire, mer Baltique. Les grands fleuves : Volga, Danube, Rhin. Les États de l'Europe. Les États de l'Union européenne et leur capitale.

▶ **La France** : les fleuves : Garonne, Loire, Rhône, Rhin, Seine. Les montagnes : Alpes, Jura, Massif central, Pyrénées, Vosges. Les grandes agglomérations : Bordeaux, Clermont-Ferrand, Lille, Lyon, Marseille, Metz, Nantes, Nancy, Nice, Paris, Strasbourg, Rennes, Rouen, Toulouse. Les régions administratives, les DOM-TOM.

Durée et nature de l'épreuve

✪ Durée de l'épreuve : 2 heures

✪ Domaines à évaluer
– maîtrise des connaissances fondamentales en histoire, géographie et éducation civique ;
– aptitude à lire et mettre en relation des documents ;
– aptitude à rédiger et à argumenter ;
– maîtrise de la langue (orthographe et expression écrite).

✪ Structure de l'épreuve
L'épreuve d'histoire-géographie-éducation civique du diplôme national du brevet comporte trois parties.

▶ Première partie : histoire et géographie
Les élèves ont le choix entre deux sujets.
Chacun des sujets se situe dans l'une des grandes parties du programme d'histoire et géographie. Il est accompagné de deux ou trois documents complémentaires et si possible de nature différente. Des indications nécessaires à la compréhension du sujet sont éventuellement fournies.
Les candidats sont d'abord invités par deux ou trois questions à relever des informations dans les documents et à mettre celles-ci en relation.
Ils sont ensuite invités à rédiger un paragraphe argumenté d'une vingtaine de lignes répondant au sujet choisi.

▶ Deuxième partie : éducation civique
Le sujet se situe dans l'une des grandes parties du programme d'éducation civique. Il est accompagné de deux ou trois documents complémentaires dont un court extrait de l'un des documents de référence du programme.
Les candidats sont invités par des questions à relever des informations dans les documents et à mettre celles-ci en relation dans un paragraphe argumenté d'une quinzaine de lignes.

▶ **Troisième partie : repères chronologiques et spatiaux**
Les candidats répondent à des questions qui permettent de vérifier la mémorisation des repères inscrits au programme d'histoire et géographie.

✪ **Barème de notation :** sur 40
– Première partie :   18 points dont 10 pour le paragraphe argumenté
– Deuxième partie :   12 points dont 8 pour le paragraphe argumenté
– Troisième partie :   6 points.
Maîtrise de la langue (orthographe et expression écrite) : 4 points.

Conseils de méthode

Pour réussir l'examen.

✪ **Bien utiliser les 2 heures**
Vous disposez de 2 heures. Ne vous pressez pas à tout prix. Il est inutile d'avoir terminé avant l'heure. Utilisez au contraire tout votre temps pour bien lire les documents, les questions et les sujets qui vous sont proposés, pour travailler au brouillon et relire votre copie plusieurs fois. N'oubliez pas que quatre points sont attribués à l'orthographe et à la présentation, quatre points tellement faciles à obtenir avec un peu d'attention et d'entraînement.

✪ **Première partie : épreuve d'histoire-géographie (environ 50 minutes)**
▶ **Lisez attentivement le thème du sujet.** Repérez les mots-clés, les repères géographiques ou chronologiques s'il y en a. Une bonne compréhension du thème proposé vous aidera dans l'analyse des documents.
▶ **Lisez ou observez avec soin chacun des documents :** textes, graphiques, cartes, photographies... Les 2 ou 3 documents peuvent être de nature variée.
Pour chacun des documents, n'oubliez pas de lire son titre, sa source (son auteur), sa date.
Réfléchissez à la nature du document.
– Pour un texte, s'agit-il du témoignage d'un contemporain des faits, d'un récit d'historien, d'un discours ?
– Pour une image, est-ce une photographie, une affiche de propagande, de publicité ?
– Pour une courbe, un tableau de statistiques, repérez les unités utilisées, les dates.
Ce travail de réflexion doit vous aider à bien répondre aux questions posées.

▶ **Lisez attentivement les questions posées** et répondez avec précision en montrant que vous avez su lire et analyser le document et en tirer les informations essentielles.
▶ **Dans la dernière question**, on vous demande de **rédiger un texte** d'une **vingtaine de lignes** répondant au libellé du sujet. Si un plan vous est donné, suivez-le. Si on ne vous donne pas de plan, **organisez vos connaissances**. Même un texte court (20 lignes) doit montrer que vous êtes capable de rédiger de façon claire, dans un français correct et compréhensible. Vous devez **garder au minimum 20 minutes** pour la rédaction de cette question de synthèse.

✪ **Deuxième partie : épreuve d'éducation civique (environ 40 minutes)**
▶ Procédez comme pour l'épreuve d'histoire-géographie. Lisez attentivement le thème du sujet, les documents et les questions posées.
▶ Dans la dernière question, vous devez **rédiger un texte d'une quinzaine de lignes**. Pour cela, il faut établir des liens entre les documents se rapportant à un fait d'actualité et le ou les documents dits de « référence » : Charte, Constitution, loi..., puis **utiliser les idées que vous avez dégagées de l'ensemble des documents pour argumenter votre réponse**. Garder au minimum 15 minutes pour la rédaction de cette dernière question.

✪ **Troisième partie : repérage dans le temps ou dans l'espace (environ 20 minutes)**
▶ **Repérage dans le temps (histoire)**
– Attention ! Les repérages ne portent pas seulement sur le programme de 3e (1914-1999), mais sur les programmes de 6e, 5e et 4e (voir p. 22).
– Si on vous demande de construire un axe chronologique, soyez précis dans vos subdivisions (1 cm pour 10 ans s'il s'agit de tout le XXe siècle). Portez ensuite les dates ou les périodes demandées. Pour une période, bien indiquer le début et la fin.
– On peut vous demander de mettre en relation :
    – des dates et des événements ou inversement ;
    – des photographies ou des « unes » de journaux et des événements ;
    – des personnages et un texte ;
    – des événements et des lieux.
▶ **Repérage dans l'espace (géographie)**
– Attention au programme ! (voir p. 18-23).
– Observez le fond de carte qui vous est fourni. Si les localisations sont déjà indiquées, écrivez les noms de ce qui vous est demandé (ville, région, État, fleuve, montagne, mer, océan...).

– Si l'on vous demande de localiser des flux, faites attention au sens de la flèche.
– Le repérage peut aussi consister soit à compléter une légende de carte, soit à reporter sur la carte la légende. Dans tous les cas, il est bon d'avoir des crayons de couleur.

✪ Si vous avez suivi nos conseils, **il vous reste environ 10 minutes** pour relire l'ensemble de votre copie, vérifier l'orthographe, souligner les titres...

Histoire-géographie

1 1914-1945 : guerres, démocratie, totalitarisme

A. La Première Guerre mondiale et ses conséquences

1 BESANÇON, DIJON, LYON, NANCY-METZ, REIMS, ❏ STRASBOURG • JUIN 2000 • SÉRIE TECHNOLOGIQUE HISTOIRE

La Première Guerre mondiale :
une guerre totale.

Documents d'accompagnement

Document 1 Photographie d'une tranchée en première ligne

Document 2 Le témoignage d'un écrivain engagé dans le conflit

Les avions volent si bas qu'ils vous font baisser la tête. Il y a là-bas un village à enlever. C'est un gros morceau. Le renfort arrive. Le bombardement reprend. Torpilles à ailettes, crapouillots. Une demi-heure, et nous nous élançons. Nous arrivons à 26 sur la position. Prestigieux décor de maisons croulantes et éventrées. Il faut nettoyer ça. Je revendique alors l'honneur de toucher un couteau à cran. On en distribue une dizaine et quelques bombes à la mélinite. Me voici l'eustache* à la main.

C'est à ça qu'aboutit toute cette immense machine de guerre. Des femmes se crèvent dans les usines. Un peuple d'ouvriers trime à outrance au fond des mines. Des savants, des inventeurs s'ingénient. La

merveilleuse activité humaine est prise à tribut. La richesse d'un siècle de travail intensif. L'expérience de plusieurs civilisations. Sur toute la surface de la terre on ne travaille que pour moi... Des âmes prient. Des chirurgiens opèrent. Des financiers s'enrichissent. Des marraines écrivent des lettres. Mille millions d'individus m'ont consacré toute leur activité d'un jour, leur force, leur talent, leur science, leur intelligence, leurs habitudes, leur cœur.
Et voilà qu'aujourd'hui j'ai le couteau à la main.

D'après **B. Cendrars**, *J'ai tué*, 1919.

---

* Eustache : couteau.

Document 3 Affiche de propagande de 1915

Faivre Abel

Questions *(8 points)*

Documents 1 et 2

▶ **1.** À quelles violences sont soumis les soldats sur le front ? *(2 points)*

Documents 2 et 3

▶ **2.** Indiquer quatre forces qui participent à l'effort de guerre à l'arrière. *(4 points)*

Document 3

▶ **3.** En quoi cette affiche est-elle un document de propagande ? *(2 points)*

Paragraphe argumenté *(10 points)*

▶ **4.** À partir des informations tirées des documents et en vous aidant de vos connaissances, vous rédigerez un paragraphe argumenté d'une vingtaine de lignes montrant que la Première Guerre mondiale est une guerre totale.

B. L'URSS de Staline

2 AMÉRIQUE DU NORD
JUIN 2000 • HISTOIRE

L'URSS de Staline : un régime totalitaire.

Documents d'accompagnement

Document 1 Katia, fille de paysan russe

Mon père ne voulait pas faire partie du kolkhoze * ; alors il venait chez nous des gens de toutes sortes qui discutaient avec lui et qui l'emmenaient pour le battre, mais il ne voulait toujours pas [...]. Nous avions un cheval, une vache, une petite génisse, cinq moutons, quelques cochons et une grange ; c'est tout. Tous les soirs, le policier venait et il emmenait papa au Soviet** du village. On lui demandait du grain et on ne voulait pas croire qu'il n'en avait plus. Pourtant c'était la vérité [...]. Pendant une semaine entière, on empêcha papa de dormir et on le battit sur tout le corps avec des bâtons et des revolvers [...].

Et puis un matin, il y a à peu près un an, des étrangers sont arrivés à la maison. Il y en avait un qui venait du GPU*** ; le président de notre Soviet était avec lui [...]. Et puis il est venu des voitures et on a emporté toutes nos affaires et les bêtes qui nous restaient ont été emmenées au kolkhoze [...].

On nous mit tous dans l'église du village. Il y avait là beaucoup d'autres gens de chez nous, avec leurs enfants ; ils avaient tous des paquets et tous pleuraient [...]. Au matin, on nous fit sortir de l'église avec une trentaine d'autres familles et on nous fit mettre en route, escortés par des miliciens [...].

Quand notre wagon fut plein, tellement plein qu'il n'y avait plus de place pour personne, même debout, on le ferma à clef de l'extérieur. Alors tout le monde se mit à crier et à prier la Sainte Vierge.

Récit d'une petite Ukrainienne de 10 ans, témoignage cité par
V.A. Kravchenko, *J'ai choisi la liberté !* Paris, éd. Self, 1947.

* Kolkhoze : coopérative de paysans.
** Soviet : conseil représentant les paysans.
*** GPU : police politique de Staline.

Document 2 — Photographie officielle de Staline prise au Kremlin en 1935

Document 3 — Une conférence du parti communiste

Et voici comment les choses se passaient, voici un petit tableau de ces années-là. Une conférence du parti [...] dans la province de Moscou [...]. À la fin de la conférence, adoption d'une motion de fidélité au camarade Staline. Bien entendu tous se lèvent [...]. Des « applaudissements frénétiques se transformant en ovations » éclatent dans la petite salle. Pendant trois, quatre, cinq minutes, ils persistent.[...] Mais déjà les mains commencent à faire mal.[...] Mais déjà les hommes d'un certain âge s'essoufflent [...]. Cependant, qui osera s'arrêter le premier ? [...] Dans cette salle, parmi ceux qui sont debout et qui applaudissent, il y a des membres du NKVD*, et ils surveillent qui cessera le premier ! [...] Le directeur de la fabrique de papier locale, homme solide et indépendant, est debout à la tribune et applaudit, tout en comprenant à quel point la situation est fausse et sans issue. Il applaudit pour la neuvième

minute consécutive ! Pour la dixième ! C'est de la folie ! De la folie collective [...]. À la onzième minute, le directeur de la fabrique de papier prend un air affairé et s'assied à sa place [...]. Tous s'arrêtent comme un seul homme et s'asseyent à leur tour [...].
Seulement, c'est de cette façon-là, justement, que l'on repère les esprits indépendants [...].
La nuit même, le directeur de la fabrique est arrêté. On n'a pas de mal à lui coller dix ans pour un tout autre motif. Mais, après la signature du procès-verbal de l'instruction, le commissaire instructeur lui rappelle :
« Et ne soyez jamais le premier à vous arrêter d'applaudir ! »

* NKVD : police politique.

Conférence du parti communiste dans la province de Moscou en 1937, rapportée par **A. Soljénitsine**, *L'Archipel du Goulag*, Paris, éd. du Seuil, 1974.

Questions *(8 points)*

Document 1

▶ **1.** D'après le document 1, quels sont les trois aspects de la répression menée contre la famille de Katia ?

Document 2

▶ **2.** Quelle image de Staline le document 2 veut-il montrer ? En quoi s'oppose-t-il au témoignage de Katia ?

Documents 2 et 3

▶ **3.** Les documents 2 et 3 illustrent un même aspect du régime stalinien : lequel ?

Documents 1 et 3

Les documents 1 et 3 illustrent un autre aspect du régime stalinien : lequel ?

Paragraphe à rédiger *(10 points)*

▶ **5.** Rédigez, à partir de votre travail sur les documents et à partir de vos connaissances, un paragraphe argumenté répondant au sujet suivant : « L'URSS de Staline : un régime totalitaire ».

PONDICHÉRY
SESSION 2000 • HISTOIRE

L' URSS de Staline, un État totalitaire.

Documents d'accompagnement

Document 1   Affiche soviétique, 1937

URSS s'écrit CCCP en russe.

Document 2   Le bilan officiel des plans quinquennaux*

Productions	1928	1932	1937
Charbon (millions de tonnes)	35	64	128
Énergie électrique (milliards de kwh)	5	-	48
Acier (millions de tonnes)	4,3	5,9	17,7

Plans de 5 ans, mis en place par le gouvernement soviétique à partir de 1928 et fixant les objectifs de production,

Document 3 — Carte des camps et chantiers du Goulag dans les années 30

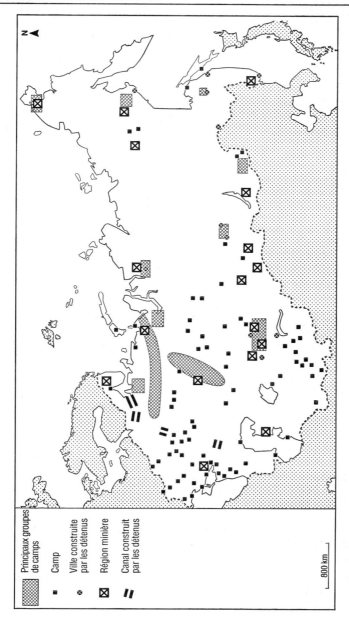

Questions *(10 points)*

Document 1

▶ **1. a)** Après avoir nommé le personnage, désignez les symboles soviétiques qui figurent sur le document 1.
b) Quel message cette affiche de propagande veut-elle exprimer ?
(3 points)

Document 2

▶ **2.** D'après le document 2, comment évoluent les productions d'énergie en URSS, de 1928 à 1937 ?
b) Donnez une raison expliquant cette évolution. *(2 points)*

Document 3

▶ **3. a)** Définissez le mot « Goulag ».
b) Montrez où et dans quels buts ont été mis en place les camps ?
(3 points)

Paragraphe argumenté *(10 points)*

▶ **4.** À l'aide des informations tirées des documents et de vos connaissances, rédigez un paragraphe argumenté d'une vingtaine de lignes montrant que le système politique en URSS de 1928 à 1941 peut être qualifié de totalitaire.

C. La France des années de crise : 1931-1936
Le Front populaire en France

4 AFRIQUE
JUIN 2000 • HISTOIRE

La France et l'Allemagne dans la crise des années 1930.

Documents d'accompagnement

Document 1 — La crise économique en Europe

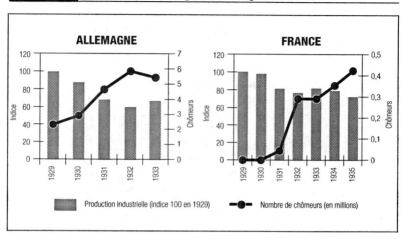

Document 2 — Le vote des pleins pouvoirs à Hitler, le 24 mars 1933

Hitler a gagné la partie ; les pleins pouvoirs lui sont votés par 441 voix contre 94, soit plus des deux tiers des présents ; seuls les socialistes ont osé voter contre. En vertu de ces pleins pouvoirs, accordés pour quatre ans et qui se fondent sur une apparence de légalité, Hitler est désormais le maître absolu du Reich. Il peut légiférer[1] à sa guise, dans tous les domaines. La voie est libre devant lui. Ses décrets n'ont plus besoin, ni de la sanction du Reichstag, ni de la signature de Hindenburg[2].

André François-Poncet, *Souvenirs d'une ambassade à Berlin*, Flammarion, 1946.

---

1 Légiférer à sa guise : faire des lois comme il le veut.
2 Hindenburg est alors le président de la République d'Allemagne.

Document 3 — Couverture d'une brochure du Front populaire en 1936

Questions *(8 points)*

Document 1

▶ **1.** Indiquer deux aspects de la crise des années 1930 en France et en Allemagne.

Document 2

▶ **2.** Comment l'auteur justifie-t-il son expression : « Hitler a gagné la partie » ?

Documents 2 et 3

▶ **3.** Qu'est-ce qui, dans l'affiche du Front populaire, marque l'opposition avec le choix politique de l'Allemagne ?

Paragraphe argumenté *(10 points)*

▶ **4.** Rédiger un paragraphe argumenté d'une vingtaine de lignes répondant au sujet : « La France et l'Allemagne dans la crise des années 1930 ».

5 RÉUNION, MADAGASCAR
JUIN 2000 • HISTOIRE

Les crises des années trente : l'expérience du Front populaire en France.

Document 1 Couverture d'une brochure présentant le programme du Front populaire en 1936

Document 2 — Extraits des Accords Matignon, 7 juin 1936

« Les délégués de la Confédération générale du patronat français (CGPF) et de la Confédération générale du travail (CGT) se sont réunis sous la présidence de Monsieur le Président du Conseil * et ont conclu l'accord ci-après. [...]
Art. 3 : Les employeurs reconnaissent la liberté d'opinion, ainsi que les droits pour tous les travailleurs d'adhérer librement et d'appartenir ou de ne pas appartenir à un syndicat professionnel. [...]
Art. 4 : [...] Les salaires [...] seront réajustés selon une échelle décroissante commençant à 15 % pour les salaires les moins élevés pour arriver à 7 % pour les salaires les plus élevés.
Art. 5 : [...] Dans chaque établissement comprenant plus de dix ouvriers [...], il sera institué deux ou plusieurs délégués ouvriers suivant l'importance de l'établissement. Ces délégués ont qualité pour présenter à la direction les réclamations [...] visant l'application du Code du travail, des tarifs de salaires et des mesures d'hygiène et de sécurité. »

---

* Léon Blum.

Document 3 — Dessin de presse de Dubosc, 1936

« Oh ! horreur ! Impossible de rester ici ! Ils se baignent dans notre océan, ils respirent notre air et se font brunir par notre soleil. »

Questions

▶ **1.** Présentez ces trois documents (nature, sujet). *(2 points)*

Document 1 *(2 points)*

▶ **2.** Quels sont, d'après ce document, d'une part les adversaires du Front populaire, d'autre part les buts de celui-ci ?

Document 2 *(2 points)*

▶ **3.** Relevez les éléments qui montrent l'importance de ces accords (participants, réformes).

Document 3 *(2 points)*

▶ **4.** À quelle grande conquête sociale ce document fait-il allusion ? Les deux personnages du premier plan approuvent-ils ce changement ? Justifiez votre réponse.

Paragraphe argumenté *(10 points)*

▶ **5.** À l'aide des documents et de vos connaissances, vous montrerez en un paragraphe argumenté d'une vingtaine de lignes quelles difficultés rencontrait la France au milieu des années trente, comment le Front populaire est alors arrivé au pouvoir, quelles mesures il a prises et à quels obstacles il s'est heurté.

D. L'Allemagne nazie

6 NANTES • JUIN 2000
SÉRIES COLLÈGE ET TECHNOLOGIQUE • HISTOIRE

L'Allemagne nazie : un État totalitaire.

Documents d'accompagnement

Document 1 — Affiche : « Oui ! Führer nous te suivons ! »

Document 2 — Loi du 28 février 1933

Sont autorisés, même au-delà des limites fixées par la loi, les atteintes à la liberté individuelle, au droit de libre expression, à la liberté de la presse, au droit de réunion ; les violations du secret de la correspondance et du téléphone ; les ordres de perquisition[1] et de réquisition[2].

---
1. Perquisition : recherche opérée par la police au domicile d'une personne.
2. Réquisition : contrainte qui oblige les personnes à céder leurs biens ou à se mettre au service de l'autorité.

Document 3 — Extrait d'un recueil de chansons des Jeunesses hitlériennes destiné à des garçons de 10 à 14 ans

Vous, les soldats d'assaut, jeunes et vieux,
Saisissez-vous de vos armes,
Car des Juifs saccagent et pillent
la patrie allemande. [...]

Cent dix cartouches en bandoulière,
Le fusil chargé à bloc,
Et des grenades dans les mains,
Bolchevik, amène-toi ! On t'attend !

Questions *(8 points)*

Document 1

▶ **1.** En quoi l'affiche traduit-elle l'organisation politique de l'Allemagne nazie ?

Document 2

▶ **2.** Relever les éléments de l'idéologie nazie qui figurent dans ce document.

Documents 1, 2 et 3

▶ **3.** Relever par quels moyens l'État contrôle la population.

Paragraphe argumenté *(10 points)*

▶ **4.** Rédiger un paragraphe argumenté d'une vingtaine de lignes répondant au sujet : « L'Allemagne nazie : un État totalitaire ».

LIMOGES

JUIN 2000 • SÉRIE TECHNOLOGIQUE • HISTOIRE

L'Allemagne nazie.

Documents d'accompagnement

Document 1 — L'idéologie nazie

« Le rôle du Parti consiste à transmettre une certaine idée, jaillie à l'origine du cerveau d'un seul, à une foule d'individus et à surveiller la façon dont elle est appliquée.
Le parti devra faire de la race le centre de la vie de la communauté. Il devra veiller à ce que seul l'individu sain ait des enfants. [...] Notre doctrine écarte l'idée démocratique de la masse et tend à donner cette terre au meilleur peuple, c'est-à-dire aux individus supérieurs [...] elle doit donner le commandement aux meilleurs [...] et exalter la personnalité du chef. »

Hitler, *Mein Kampf*, rédigé en 1924.

Document 2 — Extraits des lois de Nuremberg (15 septembre 1935)

Art. 1 - Les mariages entre Juifs et citoyens de sang allemand ou apparenté sont interdits.
Art. 5 - Tout contrevenant à l'article 1er sera puni des travaux forcés. [...]. Est citoyen allemand exclusivement le ressortissant de sang allemand ou apparenté. Le citoyen du Reich, seul, jouit de la plénitude des droits politiques.

Document 3 — La mise au pas de la population : un exemple, la formation de la jeunesse

« Tout le système d'éducation et de culture doit viser à donner aux enfants de notre peuple la conviction qu'ils sont absolument supérieurs aux autres peuples.
Dans mes écoles grandira une jeunesse qui effraiera le monde. Je veux une jeunesse, brutale, impérieuse, impavide[1] et cruelle. [...] Elle

doit supporter la souffrance. Il ne doit y avoir en elle rien de faible ou de tendre. Le fauve libre et magnifique doit à nouveau briller dans ses yeux. [...] Je ne veux pas d'éducation intellectuelle. La science corromprait ma jeunesse. [...]

H. Rauschning, *Hitler m'a dit*, éd. Somogy.

1. Impavide : qui n'éprouve aucune peur.

Un rassemblement des Jeunesses hitlériennes.

Questions *(8 points)*

Document 1

▶ **1.** Quels sont les caractères de l'idéologie nazie qui ressortent de ce document ?

Document 2

▶ **2.** Comment ces lois sont-elles justifiées par l'idéologie exprimée dans le document 1 ?

Documents 1 et 3

▶ **3.** Dans quels buts la jeunesse allemande doit-elle être éduquée ?

Paragraphe argumenté *(10 points)*

▶ **4.** À partir des informations fournies par les documents et en utilisant vos connaissances, rédigez un paragraphe argumenté exposant les grandes lignes de la doctrine nazie et montrant son application en Allemagne.

8. POLYNÉSIE
JUIN 2000 • SÉRIE COLLÈGE • HISTOIRE

L'Allemagne nazie et le génocide des juifs.

Documents d'accompagnement

Document 1 Les lois de Nuremberg, 1935 (extraits)

Pénétré de la conscience que la pureté du sang allemand est la première obligation pour la survie du peuple allemand, le Parlement a adopté à l'unanimité la loi suivante :
Art. 1 - Les mariages entre juifs et citoyens de sang allemand sont interdits.
Art. 2 - Les relations (sexuelles) entre juifs et citoyens de sang allemand, en dehors du mariage, sort interdites.
Art. 4 - Il est interdit aux juifs de hisser les couleurs nationales du Reich.
Art. 5 - Tout contrevenant à l'Art. 1 sera puni des travaux forcés [...].
Est citoyen allemand exclusivement le ressortissant de sang allemand ou apparenté.

Document 2 La « solution finale »

Plus l'Allemagne remporte des succès militaires, plus le nombre des Juifs s'accroît dans les territoires qu'elle domine. [...] C'est pourquoi au cours de l'année 1941 sont prises trois décisions capitales. La première, c'est l'organisation de forces mobiles spéciales en vue de la campagne de Russie. Ces forces sont chargées de fusiller sur place, sans jugement, d'abord les cadres et les membres du parti communiste, puis tous les Juifs, hommes, femmes et enfants, des territoires conquis. Deuxième décision : procéder, sous le nom de « Solution finale de la question juive », à la liquidation physique de tous les Juifs du continent européen. La troisième concerne la création des camps d'extermination, dans lesquels les planificateurs du massacre estiment avoir trouvé le moyen technique le plus approprié c'est-à-dire à la fois le plus efficace, le plus expéditif et le plus facile à dissimuler, pour la mise à mort par millions des victimes.

D'après F. Bédarida, *Le Génocide et le nazisme*, Presses-Pocket, 1992.

Document 3 Statistiques du génocide des juifs (1933-1945)

Document 3a Répartition des victimes par mode d'extermination

	Nombre	Pourcentage
Morts dans les ghettos et par les privations	800 000	16 %
Morts par exécutions en plein air et autres fusillades	1 300 000	24 %
Morts dans les camps dont :	3 000 000	60 %
camps d'extermination	2 700 400	
camps de concentration	300 000	

Document 3b Répartition des victimes par année

1933-1940	Moins de 100 000
1941	1 100 000
1942	2 700 000
1943	500 000
1944	600 000
1945	100 000

D'après R. Hilberg, *La Destruction des Juifs en Europe*, Fayard, 1988.

Questions

Document 1 *(2,5 points)*

▶ **1.** Qui a voté les lois de Nuremberg ? *(0,5 point)*
▶ **2.** D'après le document, dans quel but ont été rédigées les lois de Nuremberg ? *(1 point)*
▶ **3.** À l'aide des articles 4 et 5, dis pourquoi les juifs ne peuvent pas hisser les couleurs nationales allemandes ? *(1 point)*

Document 2 *(2,5 points)*

▶ **4.** Quelles sont les « trois décisions capitales » prises par les nazis en 1941 ? *(1,5 point)*
▶ **5.** D'après les documents 2 et 3, en quels lieux se pratique la « solution finale » ? *(1 point)*

Document 3 *(3 points)*

▶ **6.** D'après le tableau 3a quels sont les moyens employés par les nazis pour exterminer les juifs ? *(1,5 point)*
▶ **7.** D'après le tableau 3b, quelle est l'année la plus meurtrière ? Comment l'expliques-tu d'après le document 2 ? *(1,5 point)*

Paragraphe argumenté *(10 points)*

▶ **8.** Relève à travers tous les documents les moyens utilisés par les nazis pour appliquer leur politique antisémite de 1933 à 1945 et rédige un paragraphe argumenté, d'une vingtaine de lignes, où tu montreras les étapes qui conduisent au génocide.

---

9 GRÈCE, TUNISIE
JUIN 2000 • SÉRIE COLLÈGE • HISTOIRE

Le système concentrationnaire nazi.

Documents d'accompagnement

Document 1

    Il me semble que le convoi, parti de Salonique[1] le 29 avril 1943 par une belle journée de printemps, arriva à Birkenau, en Haute-Silésie, vers quatre ou cinq heures du matin, le 8 mai 1943. En débarquant du train, à la lumière des projecteurs, les coups de matraque et les cris des SS eurent l'effet désiré.
    Très vite, étourdis par les cris, surpris par le froid matinal (il faisait encore nuit), éblouis par les projecteurs, nous avons été arrachés à nos femmes...

On nous a dirigés vers une baraque où j'ai aperçu brusquement un ami de Salonique, le Dr Monis Samuélidès qui, étant arrivé quelques jours avant nous, exerçait déjà les fonctions de médecin au camp. Sans que personne ne s'en rende compte, Samuélidès me prit à part. En quelques mots, il essaya de m'expliquer ce qu'était le camp et ce qui était déjà arrivé, ou était en train d'arriver, à nos parents, à ma pauvre femme, Nora, ainsi qu'à toute notre famille. Devant mon visage décomposé, mes yeux agrandis d'épouvante, Monis, imperturbable, continuait la description de ce qui, d'après lui, était déjà accompli ou sur le point de l'être. « À l'heure qu'il est, me dit-il, tes parents, ton épouse et ses parents sont déjà gazés et seront bientôt brûlés dans des fours crématoires. Les jeunes ont une chance, faible il est vrai, de s'en sortir, à condition de n'être jamais malades. Ils devront travailler, chacun dans sa spécialité, jusqu'à la fin de la guerre. » J'ai eu l'impression que mon ami était devenu fou, qu'il délirait...

Jacques Stroumsa (violoniste à Auschwitz), *Tu choisiras la vie*, Paris, 1998.

1. Ville située au nord-est de la Grèce.

Document 2 — Témoignage au fusain d'Edmond Goergen, *Chambrée de déportés du bloc VIII*

Document 3

Le 1er novembre[1], tous les ateliers furent envoyés aux pommes de terre, [...] cette journée fut infiniment douloureuse. Les coups pleuvaient de toute part : les vociférations des SS et des détenus qui nous encadraient déchiraient l'air et les scènes de sadisme se multipliaient.

Des (hommes) munis de pelles et de fourches déchargeaient les wagons... Certains, plus loin, creusaient des silos, et entassaient les pommes de terre dans la paille. [...] De temps en temps, on entendait le claquement sec d'un coup de fusil : c'était un des SS qui s'amusait à faire des cartons en prenant pour [...] cibles les malheureux parmi nous et le plus souvent des juifs [...]. La nuit [...] venue, sous la lumière aveuglante des projecteurs, nous dûmes continuer notre calvaire jusqu'au déchargement complet des wagons. À la rentrée au camp, des camions spéciaux furent affectés au transport des cadavres.

Raymond Montégut, *Arbeit macht Frei*, cité dans C. Cerdon-Hamet, *Les « 45 000 », mille otages pour Auschwitz (le convoi du 6 juillet 1942)*, Paris, 1997.

1. 1942.

Questions

Document 1

▶ **1.** Que nous apprend l'auteur du document 1 sur le sort des déportés ?

Documents 2 et 3

▶ **2.** Quelles sont les conditions de vie des déportés qui ont survécu à la sélection ?

Paragraphe argumenté

▶ **3.** À partir des informations tirées des documents et en vous aidant de vos connaissances personnelles, vous rédigerez un paragraphe d'une vingtaine de lignes sur le système concentrationnaire nazi.

Comment la politique d'expansion de l'Allemagne nazie entraîne-t-elle le déclenchement de la Seconde Guerre mondiale en Europe ?

Documents d'accompagnement

Document 1 — Le traité de Versailles, 1919 (extraits)

Article 42. Il est interdit à l'Allemagne de maintenir ou de construire des fortifications sur la rive gauche du Rhin et sur la rive droite sur 50 km.
Article 43. Sont également interdits dans cette zone, l'entretien ou le rassemblement de forces armées...
Article 80. L'Allemagne reconnaît et respectera strictement l'indépendance de l'Autriche.
Article 81. L'Allemagne reconnaît la complète indépendance de l'État tchécoslovaque.
Article 87. L'Allemagne reconnaît la complète indépendance de la Pologne.
Article 160. L'armée allemande ne pourra dépasser 100 000 hommes.
Article 171. La fabrication de tanks est interdite.
Article 173. Tout service militaire est aboli.
Article 198. Les forces militaires ne devront comprendre aucune aviation.

Document 2 — « L'espace vital » selon Hitler

[...] seul un espace suffisant sur cette terre assure à un peuple la liberté de l'existence. [...]
Ce n'est pas dans une orientation tantôt à l'Ouest ou à l'Est que se trouve l'avenir de notre politique extérieure, mais bien dans une politique de l'Est, dans le sens de l'acquisition de la terre nécessaire à notre peuple allemand.
Nous portons nos regards vers les pays de l'Est et nous inaugurons la politique territoriale de l'avenir.

A. Hitler, *Mein Kampf*, 1926.

Document 3 Les agressions nazies

- Allemagne en 1933
- *Anschluss* : mars 1938
- Annexion des Sudètes : octobre 1938
- Création du protectorat de Bohême-Moravie : mars 1939 (protectorat : territoire contrôlé)
- Rattachement de Dantzig : 1er septembre 1939

Questions *(8 points)*

Document 1

▶ **1.** À l'aide des extraits du traité de Versailles, dites quelles sont les interdictions qui limitent la puissance militaire de l'Allemagne.

Document 2

▶ **2.** Dans quelle direction se tourne la volonté d'expansion d'Hitler ?

Documents 1 et 3

▶ **3.** Énumérez chronologiquement, d'après le document 3, les étapes de l'expansion territoriale de l'Allemagne nazie en précisant pour chacune quelle décision du traité de Versailles n'est pas respectée.

Rédaction d'un paragraphe argumenté *(10 points)*

▶ **4.** À partir des informations fournies par les documents et en utilisant vos connaissances, décrivez et expliquez la politique d'expansion de l'Allemagne nazie et montrez comment cette politique conduit à la guerre.

E. La Seconde Guerre mondiale

11 CENTRES ÉTRANGERS GROUPE EST
SESSION 2000 • HISTOIRE

Le régime de Vichy (1940-1944) : un État autoritaire.

Documents d'accompagnement

Document 1 Les pouvoirs du chef de l'État

Nous Maréchal de France, chef de l'État. Vu la loi constitutionnelle du 10 juillet 1940, nous décrétons :
1. Le chef de l'État a la plénitude du pouvoir gouvernemental, il nomme et révoque les ministres qui ne sont responsables que devant lui.
2. Il exerce le pouvoir législatif jusqu'à la formation de nouvelles assemblées. Une fois celles-ci formées, il peut l'exercer sur sa seule décision en cas de crise grave.
3. Il promulgue les lois et assure leur exécution.

Philippe Pétain, *Actes constitutionnels*, Vichy, 11 juillet 1940.

Document 2 — Couverture d'une brochure (1941)

Document 3 — Le contrôle de l'information

Le 6 novembre 1940

La presse est dirigée, aucun esprit libre n'a la possibilité de se faire entendre [...].

Et la radio officielle de mon pays continue à prêcher la haine contre les Juifs... Toutes les formules qui, depuis 1933, avaient cours en Allemagne sont maintenant adoptées en France.

D'après **Raymond-Raoul Lambert**, *Carnet d'un témoin* (1940-1943). Présenté par R. Cohen, Fayard, 1985.

Questions *(8 points)*

Document 1

▶ **1.** Citer trois pouvoirs du maréchal Pétain. *(3 points)*

Document 2

▶ **2.** Quel est le but recherché par les auteurs de ce document ? *(2 points)*

Documents 2 et 3

▶ **3. a)** À qui le régime de Vichy s'en prend-il ? *(1 point)*
b) Par quels moyens le régime de Vichy tente-t-il de diffuser, d'imposer ses idées ? *(2 points)*

Paragraphe argumenté *(10 points)*

▶ **4.** À partir des informations tirées des documents et en vous aidant de vos connaissances, vous rédigerez un paragraphe argumenté d'une vingtaine de lignes montrant que le régime de Vichy est un État autoritaire.

---

12 AMIENS, CRÉTEIL, LILLE, PARIS, ROUEN, VERSAILLES • JUIN 2000
SÉRIES COLLÈGE ET TECHNOLOGIQUE • HISTOIRE

Les Français divisés pendant la Seconde Guerre mondiale.

Documents d'accompagnement

Document 1

Français !
C'est librement que je me suis rendu à l'invitation du Führer. Je n'ai subi, de sa part, aucune pression. Une collaboration a été envisagée entre nos deux pays. J'en ai accepté le principe. [...] C'est dans l'honneur et pour maintenir l'unité française, une unité de dix siècles, dans le

cadre d'une activité constructive du nouvel ordre européen, que j'entre aujourd'hui dans la voie de la collaboration. [...]

Extrait du message radiodiffusé du **maréchal Pétain**, 30 octobre 1940.

Document 2 Extraits de rapports de la Préfecture de police sur la rafle du Vél d'Hiv (Vélodrome d'hiver) à Paris

<u>16 juillet 1942</u>
À 7 h 30 : la police municipale signale 10 cars arrivés au Vél d'Hiv.
À 8 h : l'état-major téléphone. L'opération contre les juifs est commencée depuis ce matin à 4 h. [...],
Dans les 20e et 11e arrondissements où il y a plusieurs milliers de Juifs, l'opération est lente.
À 9 h : 4 044 arrestations.
<u>17 juillet 1942</u>
Les mesures prises à l'encontre des Juifs ont profondément troublé l'opinion publique.
Bien que la population française soit dans son ensemble et d'une manière générale antisémite, elle n'en juge pas moins sévèrement ces mesures qu'elle qualifie d'inhumaines : la séparation des enfants de leurs parents provoque des réactions qui se traduisent par des critiques sévères à l'égard du gouvernement et des autorités occupantes.

Document 3 Graffiti* de résistants (début 1944)

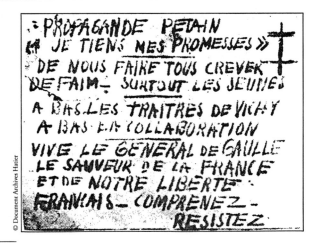

* Graffiti : inscription manuscrite sur un mur

Questions *(8 points)*

Document 1

▶ **1.** Quelle décision le maréchal Pétain a-t-il prise après son entrevue avec Hitler ? *(1 point)*

Document 2

▶ **2.** Contre qui et par qui la rafle du Vélodrome d'hiver a-t-elle été organisée ?
▶ **3.** Relevez deux expressions qui montrent les réactions des Français au lendemain des arrestations. *(4 points)*

Document 3

▶ **4.** Quels sont les reproches adressés au gouvernement de Vichy ?
▶ **5.** Quels engagements sont proposés aux Français ? *(3 points)*

Paragraphe argumenté *(10 points)*

▶ **6.** À partir des informations tirées des documents et de vos connaissances, vous rédigerez un paragraphe argumenté d'une vingtaine de lignes dans lequel vous montrerez comment les Français se sont progressivement divisés pendant la Seconde Guerre mondiale.

13 POLYNÉSIE
JUIN 2000 • SÉRIE TECHNOLOGIQUE • HISTOIRE

Les EFO participent à la Seconde Guerre mondiale.

Documents d'accompagnement

Document 1 Les Japonais à la conquête du Pacifique (août 1942)

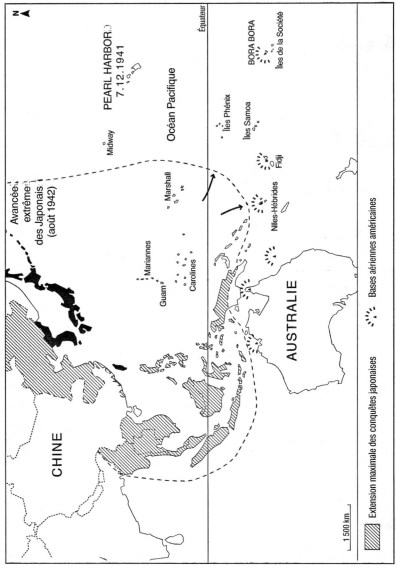

Terres et civilisations polynésiennes, Nathan.

Document 2 — Les Américains à Bora Bora (février 1942)

Batterie de DCA pointée vers le nord, d'où l'on craint l'arrivée de l'aviation japonaise.

Terres et civilisations polynésiennes, *Nathan*

Document 3

Refusant la défaite de la France et l'armistice signé par le maréchal Pétain, les EFO se rallient le 2 septembre 1940 au camp de la France libre du général de Gaulle. Ce général français veut poursuivre la guerre contre l'Allemagne, l'Italie et le Japon.

300 volontaires tahitiens vont combattre dans le bataillon du Pacifique. Ils quittent Tahiti en avril 1941 et arrivent en Afrique du Nord à la fin décembre où ils rejoignent les soldats de la France libre, les Anglais et les Américains.

Durant les années 1942-1943, ils livrent de nombreux combats dans le désert, en Libye puis en Tunisie, contre les armées allemandes et italiennes.

Victorieux en Afrique du Nord, ils débarquent en Italie en avril 1944 et participent à la libération de ce pays. La même année, en août, le bataillon du Pacifique débarque dans le sud de la France, avec les soldats de la France libre et les Anglo-Américains. En quelques mois, les Allemands sont chassés de France, pour les Tahitiens la guerre se termine le 21 octobre 1944.

La guerre se termine en Europe le 10 mai 1945, les volontaires tahitiens attendent toujours qu'un navire les ramène chez eux, ils rentrent enfin à Tahiti le 5 mai 1946. Sur les 300 hommes partis en 1941, 80 sont morts au combat.

Texte adapté du livre *Terres et civilisations polynésiennes*, Nathan.

Questions

Document 1 *(3 points)*

▶ 1. Quelle est la nature de ce document et de quand date-t-il ?
▶ 2. Que représentent les parties hachurées ?
▶ 3. Que représente la grande courbe en pointillés ?
▶ 4. Quel grand pays est en partie conquis par les Japonais ?
▶ 5. Un autre grand pays est menacé par l'avancée des Japonais, lequel ?
▶ 6. Quelle installation protège l'île de Bora Bora ?

Document 2 *(1,5 point)*

▶ 7. Quelle est la nature de ce document et de quand date-t-il ?
▶ 8. Sur quelle île des EFO ces soldats se trouvent-ils ?
▶ 9. Quelle est la nationalité de ces soldats ?
▶ 10. Pourquoi leur arme est-elle pointée vers le ciel ?
▶ 11. Comment s'appelle cette arme ?
▶ 12. Les flèches A et B montrent deux moyens de protections, lesquels ?

Document 3 *(3 points)*

▶ 13. Quels sont les deux hommes qui s'opposent après la défaite de la France en 1940 ?
▶ 14. Quels hommes choisissent de suivre les habitants des EFO ?
▶ 15. Quels sont les pays où se déroulent les combats entre 1942 et 1944 ?
▶ 16. Contre quelles armées se battent les volontaires tahitiens ?
▶ 17. Pourquoi les soldats tahitiens ont-ils attendu mai 1946 pour rentrer chez eux ?
▶ 18. Combien de soldats sont revenus à Tahiti, le 5 mai 1946 ?

Répondez aux questions en mettant les documents en relation *(0,5 point)*

▶ **19.** Le document 1 s'intitule « les Japonais à la conquête du Pacifique ». Quel autre document montre qu'un adversaire lutte contre cette conquête ?

▶ **20.** À partir des informations des documents 2 et 3 :
Aux côtés de quels soldats, également présents dans les EFO, les volontaires tahitiens du bataillon du Pacifique vont-ils combattre en Afrique du Nord et en Europe ?

Rédaction d'un paragraphe argumenté d'une vingtaine de lignes *(10 points)*

▶ **21.** Racontez comment les EFO, lointaine colonie de la France, participent pour la deuxième fois à une guerre mondiale.

a) Expliquez pourquoi la population tahitienne s'est trouvée dans l'obligation de faire un choix. Quel camp a-t-elle choisi et pourquoi ?

b) Dans une première partie, montrez que la guerre a menacé directement les EFO dans le Pacifique. Dites quelles raisons ont poussé les Américains à venir.

c) Dans une deuxième partie racontez les grandes étapes de l'épopée du bataillon du Pacifique, parti en 1941 pour l'Afrique du Nord et pour l'Europe.

d) Enfin, expliquez pourquoi la participation des Tahitiens à la guerre est considérée ici comme un événement important, notamment vis-à-vis de la France.

2 Élaboration et organisation du monde d'aujourd'hui

A. L'évolution démographique, la croissance économique et leurs conséquences sociales et culturelles

14 BESANÇON, DIJON, LYON, NANCY-METZ, REIMS, STRASBOURG • JUIN 2000 • SÉRIE COLLÈGE • HISTOIRE

La croissance économique et l'évolution du mode de vie dans les pays développés depuis 1945.

Documents d'accompagnement

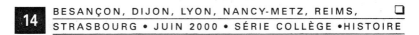

Document 1 La transformation du niveau de vie

C'est bien la formidable transformation du niveau de vie qui a été le principal « miracle » de ces années glorieuses. En France, en une seule génération, le pouvoir d'achat du revenu moyen a autant augmenté qu'au cours des 160 années qui ont précédé les Trente Glorieuses !

Alors qu'en 1956, un peu moins de 20 % des ménages possédaient une voiture, la proportion atteint 54 % à la fin de 1968. Le taux d'équipement des ménages en postes de télévision qui était de 1 % en 1954, atteint 80 % en 1973. Celui des réfrigérateurs, qui était de 7,5 % en 1954, atteint 86,8 % en 1973. Celui des machines à laver le linge, qui était de 8,4 % en 1954, atteint 85,7 % en 1973. En septembre 1957, 70 % des ménages ne possédaient ni réfrigérateur, ni machine à laver le linge, ni téléviseur. À la fin de 1973, seuls 7 % d'entre eux étaient dans ce cas. À l'inverse, en 1957, 2 % des ménages disposaient de ces trois biens à la fois ; à le fin de 1973, 57 % d'entre eux étaient équipés de ces trois appareils.

D'après **J. Marseille**. *L'Histoire*, n° 192, octobre 1995.

Document 2 L'évolution de la population active dans les pays développés

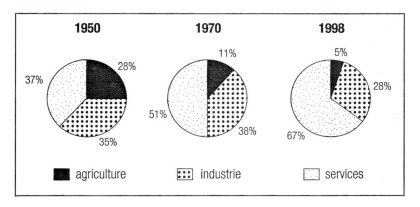

Document 3 Publicité d'une agence de voyages

Catalogue Jet Set

Questions *(8 points)*

Document 1

▶ **1.** Citer quatre équipements qui améliorent la vie quotidienne. *(2 points)*
D'après le texte, qu'est-ce qui a permis leur achat ?
Justifier votre réponse par une citation. *(1 point)*

Document 2

▶ **2.** Quels sont les deux principaux changements dans la répartition de la population active entre 1950 et 1998 ? *(2 points)*

Documents 2 et 3

▶ **4.** Quels grands changements de mode de vie montrent ces deux documents ?
Indiquer cinq activités de service. *(3 points)*

Paragraphe argumenté *(10 points)*

▶ **4.** À partir des informations tirées des documents et en vous aidant de vos connaissances, vous rédigerez un paragraphe argumenté d'une vingtaine de lignes montrant que la croissance économique depuis 1945 a bouleversé les modes de vie dans les pays développés.

B. L'inégale répartition des richesses dans le monde

15 AMIENS, CRÉTEIL, LILLE, PARIS, ROUEN, VERSAILLES
JUIN 2000 • SÉRIE COLLÈGE • GÉOGRAPHIE

Les inégalités du monde d'aujourd'hui.

Documents d'accompagnement

Document 1 — Une métropole d'Amérique du Sud : São Paulo (Brésil)

Document 2 — Les inégalités à l'échelle de chaque pays

Les inégalités sont très prononcées à l'échelle de chaque pays. Au Brésil, les 50 % les plus pauvres se partagent 12 % du revenu du pays ; les 10 % les plus riches se partagent 54 % du revenu du pays. Dans les pays en voie de développement, les hommes analphabètes habitant dans les campagnes sont deux fois plus nombreux qu'en zone urbaine [...] Aux États-Unis, 31 % des Hispaniques âgés de 25 à 65 ans n'ont pas terminé leurs études secondaires, contre seulement 6 % des Blancs.

D'après l'ONU, rapport mondial sur le développement humain, 1998.

Document 3 — Planisphère : le produit national brut par habitant

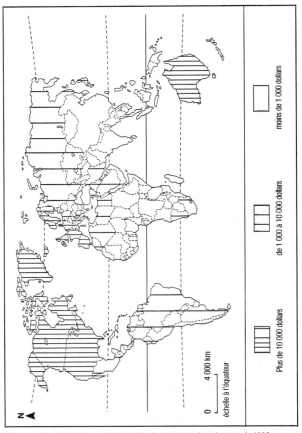

Banque mondiale, *Rapport sur le développement dans le monde* 1998.

Questions *(8 points)*

Document 1

▶ **1.** Décrivez le paysage du document 1. *(3 points)*

Document 2

▶ **2.** D'après ce document, donnez deux exemples d'inégalités existant à l'intérieur des pays. *(2 points)*

Documents 2 et 3

▶ **3.** D'après ces documents :
a) Où se situent majoritairement les pays dont le PNB est le plus élevé ?
b) D'après la carte, à quelle catégorie de pays appartiennent les États-Unis ? D'après le texte, montrez que la société de ce pays connaît de grandes inégalités. *(3 points)*

Paragraphe argumenté *(10 points)*

▶ **4.** À partir des informations tirées des documents et de vos connaissances, vous rédigerez un paragraphe argumenté d'une vingtaine de lignes montrant que le monde actuel est inégal.

16 RENNES
JUIN 2000 • SÉRIE COLLÈGE • GÉOGRAPHIE

La diversité des pays du Sud.

Documents d'accompagnement

Document 1 Qu'est-ce que le « tiers-monde » ?

Nous parlons volontiers de deux mondes en présence, de leur guerre possible, de leur coexistence, en oubliant trop souvent qu'il en existe un troisième, le plus important. C'est l'ensemble de ceux que l'on appelle en style Nations unies, les pays sous-développés. [...]

Les pays sous-développés, le troisième monde, sont entrés dans une phase nouvelle. [...] Ce « tiers-monde » ignoré, exploité, méprisé comme le tiers état, veut, lui aussi, être quelque chose.

A. Sauvy, *L'Observateur*, 14 août 1952.

Document 2 Les « Suds » aujourd'hui

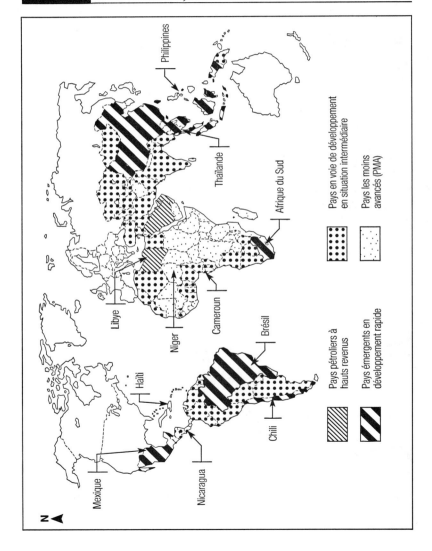

Questions

Document 1

▶ **1. a)** Définissez l'expression « tiers-monde » présente dans te titre du document 1.
▶ **2. b)** D'après le document 1, quelle situation identique connaissaient tous les pays du « tiers-monde » en 1952 ? *(3 points)*

Document 2

▶ **3. a)** D'après le document 2, quelle expression nouvelle est utilisée aujourd'hui pour désigner le « tiers-monde » ?
▶ **4. b)** En vous aidant de la légende du document 2, expliquez pourquoi cette nouvelle expression est employée au pluriel. *(3 points)*
▶ **5.** En utilisant le document 2, caractérisez la situation des pays du continent africain en matière de développement. *(2 points)*

Paragraphe argumenté

▶ **6.** À l'aide des informations tirées des documents et de vos connaissances, rédigez un paragraphe argumenté d'une vingtaine de lignes montrant la diversité des pays du Sud aujourd'hui.

C. Un monde urbanisé

17 LIMOGES
JUIN 2000 • SÉRIE COLLÈGE • GÉOGRAPHIE

L'urbanisation dans le monde.

Documents d'accompagnement

Document 1 — La population urbaine dans le monde vers 1990 (en pourcentage)

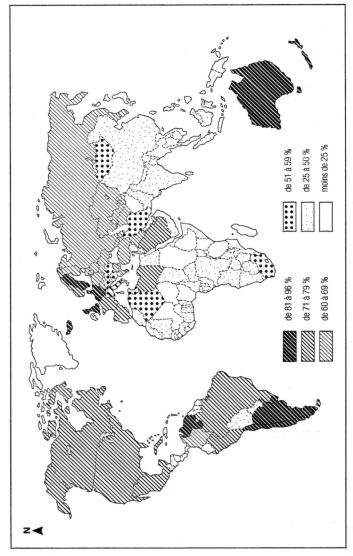

S. Lerat, *Les Populations du Monde*, Bréal, 1994.

Document 2 — L'accroissement des grandes agglomérations dans le monde

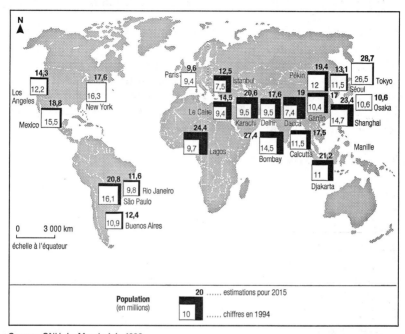

Population (en millions)
- 20 ...... estimations pour 2015
- 10 ...... chiffres en 1994

Source : ONU, *Le Monde*, juin 1996.

Document 3 — Une capitale trop vite grandie
35 000 habitants au kilomètre carré : Le Caire étouffe

[...] Avec ses 400 kilomètres carrés, le Grand Caire compte 13 millions d'habitants la nuit, et 16 millions le jour, soit 20 % à 25 % des 59 millions d'Égyptiens et prés de la moitié de la population urbaine. La concentration moyenne est de 32 000 habitants au kilomètre carré et peut dépasser les 100 000 dans certains quartiers de la vieille ville. La croissance annuelle de la population de la capitale (3,3 %) dépasse largement la moyenne nationale (2,2 %). [...] L'exode rural augmente chaque année la population du Caire de 1,6 %, soit près d'un quart de million d'habitants...

La principale cause de cet exode est économique. C'est en effet au Caire qu'un Égyptien a le plus de chances de trouver du travail : on y trouve près de la moitié des emplois du secteur d'État, et 40 % du privé.

[...] Malgré la crise du logement, on y est mieux logé qu'à la campagne, la capitale comptant 30 % des habitations d'Égypte. On y est aussi mieux soigné, avec plus de 70 % des médecins et la moitié des lits d'hôpital. [...]
   La première conséquence de cette migration est l'amplification de la crise chronique du logement. [...]
   Les plus démunis n'ont d'autre recours que la douzaine de « quartiers champignons » qui ont poussé autour de la capitale. Des quartiers construits sans aucun plan d'urbanisme, où 30 % des habitations n'ont ni eau ni égouts et où les rues ne sont que des ruelles qui se tortillent au gré de constructions hétéroclites.

Alexandre Buccianti, *Le Monde*, 2 septembre 1994.

Questions *(8 points)*

Document 1

▶ **1.** En observant la carte de la population urbaine dans le monde, dites quelles sont les parties du monde les moins urbanisées et les parties du monde les plus urbanisées.

Documents 1 et 2

▶ **2.** Comment évolue la population des grandes agglomérations dans les parties du monde les moins urbanisées et dans les parties du monde les plus urbanisées ?

Documents 2 et 3

▶ **3.** Quelle est la principale cause de l'accroissement de la population du Caire d'après le texte et quelles en sont les conséquences essentielles pour la ville et les habitants ?

Paragraphe argumenté d'une vingtaine de lignes
(10 points)

▶ **4.** En vous appuyant sur les informations fournies par les documents et en utilisant vos connaissances, décrivez et expliquez la répartition et l'évolution de la population urbaine dans le monde.

Évolution de l'urbanisation dans le monde.

Document 1 Urbanisation et agglomérations mondiales en 1996

Document 1a Urbanisation mondiale

	Taux d'urbanisation (%)	Taux de croissance (%)
Monde	45	2,5
Europe	74	0,5
Amérique du Nord	76	1,2
Amérique du Sud	74	2,3
Asie	35	3,2
Afrique	34	4,3
Océanie	70	1,4

D'après *Urban agglomeration*, Nations unies, 1996.

Document 1b Les premières agglomérations mondiales

En 1996	En 2015 (prévisions)
1. Tokyo	Tokyo
2. Mexico	Bombay
3. São Paulo	Lagos
4. New York	Shanghai
5. Bombay	Djakarta
6. Shanghai	São Paulo
7. Los Angeles	Karachi
8. Calcutta	Pékin

D'après *Courrier International, The New York Times*, juin 1996.

Document 2 Campagnes désertées, villes surpeuplées

La croissance rapide et généralisée des villes a vraiment commencé avec l'ère industrielle : des mégalopoles impressionnantes se constituent en Europe, au Japon et aux États-Unis. Mais, un siècle et demi plus tard, la crise des industries traditionnelles, la concurrence toujours plus forte du Sud font des vieux quartiers manufacturiers, comme des périphéries urbaines de moins en moins bien contrôlées, des véritables foyers de mal-être [...]

Les villes géantes appartiennent désormais au Sud. Sur les trente-quatre premières agglomérations du monde, vingt-deux sont des villes du Sud. L'exode rural, les migrations liées à l'insécurité politique et économique, alimentent leur croissance. Mais celle-ci s'amplifie d'elle-même par le simple jeu d'un fort excédent des naissances sur les décès. Cette croissance rapide pose des problèmes insurmontables en termes de pollution, de réseau de transports, d'infrastructures...

D'après « L'atlas 96 », le bilan géographique de *Science et Vie*, septembre 1995.

Document 3 — L'attrait des villes dans les pays pauvres

Les migrants sont accueillis par des parents déjà installés. Ils ont accès à des emplois temporaires qui permettent une première insertion en ville. Les migrants viennent aussi parce que leurs enfants trouvent dans la grande ville des conditions de scolarisation bien meilleures que dans les villages. Or l'emploi stable dans les secteurs modernes, privés et plus encore publics, passe par l'accès à un diplôme. Le premier avantage des nouveaux urbains des pays pauvres, avant même l'école, c'est l'hôpital, qui permet de vivre plus longtemps qu'à la campagne et qui permet de mener à l'âge adulte presque tous les enfants que l'on a.

D'après **C. Bataillon**, « Explosion des villes du tiers-monde », *Encyclopédie de géographie*, Economica, 1992.

Questions

Document 1 *(4 points)*

▶ **1.** Quel continent est le plus urbanisé en 1996 ? Le moins urbanisé ? *(1 point)*
▶ **2.** Quel continent présente la croissance urbaine la plus élevée en 1996 ? La moins élevée ? *(1 point)*
▶ **3.** Quels sont les deux continents qui possèdent le plus de grandes agglomérations en 1996 ? *(0,5 point)*

▶ **4.** Cite les nouvelles agglomérations qui entrent dans le classement en 2015. Nomme le continent qui possèdera alors le plus de grandes agglomérations. *(1,5 point)*

Document 2 *(2 points)*

▶ **5.** Dans la première phrase, à quelle période historique fait référence l'auteur ? *(0,5 point)*
▶ **6.** Quels problèmes essentiels se posent aux villes qui connaissent une forte croissance urbaine ? *(1,5 point)*

Document 3 *(2 points)*

▶ **7.** D'après le document 3, que viennent chercher les migrants en ville ? *(1 point)*
▶ **8.** D'après les documents 2 et 3, comment s'explique l'augmentation de la population urbaine mondiale ? *(1 point)*

Paragraphe argumenté *(10 points)*

▶ **9.** À l'aide des informations tirées des documents, rédige un paragraphe argumenté d'une vingtaine de lignes qui décrit l'évolution de l'urbanisation dans le monde, ses causes et les problèmes qui en découlent.

19 AMÉRIQUE DU NORD
JUIN 2000 • GÉOGRAPHIE

Les grandes métropoles mondiales : points communs et différences.

Documents d'accompagnement

Document 1 — Les métropoles de plus de 10 millions d'habitants et leur croissance

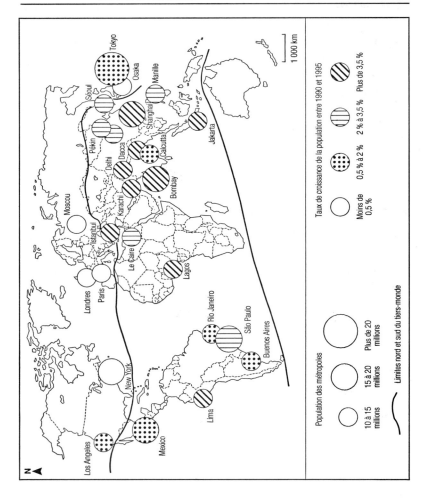

Document 2

Les villes du tiers-monde ont connu, pour la plupart, une croissance tardive et foudroyante qui, à l'heure actuelle, se poursuit à un rythme parfois effréné*. Leur urbanisation, si on la compare à celle des pays développés, est un processus** récent [...].

Un voyageur en provenance d'Europe ou des États-Unis « lâché » en plein centre de São Paulo, de Lagos (Nigeria) ou de Mexico pourrait un instant se méprendre, à la vue des luxueux immeubles de bureaux ou des hôtels internationaux [...] et croire qu'il se trouve toujours dans un pays développé [...].

Chaque ville du tiers-monde a été dotée d'un centre des affaires qui s'apparente au *Central Business District* (CBD) des villes d'Amérique du Nord. Ces centres des affaires, plus ou moins étoffés, regroupent l'essentiel des fonctions de direction et de décision économiques.

D'après **J.-F. Pérouse**, *Les Villes du tiers-monde*, Hatier, 1993.

---

* Effréné = très élevé.
**Processus = phénomène.

Document 3 Plan de la ville de São Paulo (Brésil)

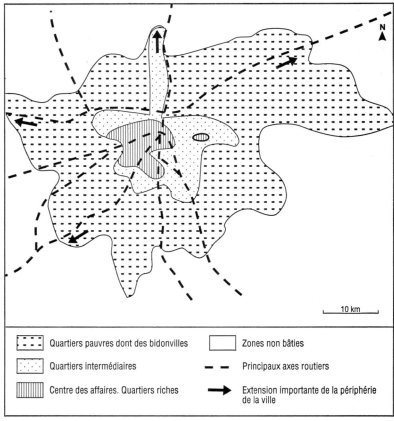

- Quartiers pauvres dont des bidonvilles
- Quartiers intermédiaires
- Centre des affaires. Quartiers riches
- Zones non bâties
- Principaux axes routiers
- Extension importante de la périphérie de la ville

D'après R. Guglielmo, *Les Grandes Métropoles du monde*, A. Colin, 1996.

Questions *(8 points)*

Document 1

▶ **1.** Où sont surtout situées les grandes métropoles mondiales dont la population augmente le plus ?

Document 2

▶ **2.** D'après ce document, les centres-villes des métropoles des pays développés et ceux des pays en développement se ressemblent-ils ? Justifiez votre réponse par deux éléments du texte.

Document 3

▶ **3.** Citez un autre aspect des grandes métropoles des pays en développement qui apparaît dans le document 3. *(8 points)*

Paragraphe à rédiger *(10 points)*

▶ **4.** Rédigez, à partir de votre travail sur les documents et à partir de vos connaissances, un paragraphe argumenté répondant au sujet suivant : « Quels points communs et quelles différences présentent les grandes métropoles mondiales, quand on compare leur répartition, leur évolution et leur aspect ? »

D. De la guerre froide à la dislocation des blocs

GRENOBLE • JUIN 2000
SÉRIES COLLÈGE ET TECHNOLOGIQUE • HISTOIRE

L'Europe de l'après-guerre à nos jours.

Documents d'accompagnement

Document 1 — Le traité de Rome (préambule)

Les 6 États fondateurs « [...] déterminés à établir les fondements d'une union sans cesse plus étroite entre les peuples européens, décidés à assurer par une action commune le progrès économique et social de leur pays en éliminant les barrières qui divisent l'Europe [...], résolus à affermir par la construction de cet ensemble de ressources, les sauvegardes de la paix et de la liberté [...], ont décidé de créer une Communauté économique européenne ».

Document 2 — L'Europe dans les années 50

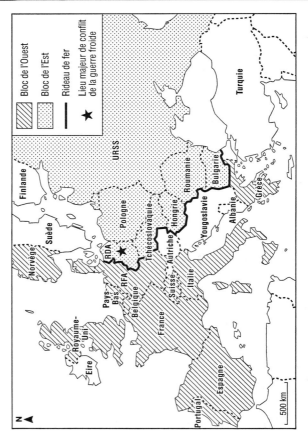

Document 3 — L'Europe aujourd'hui

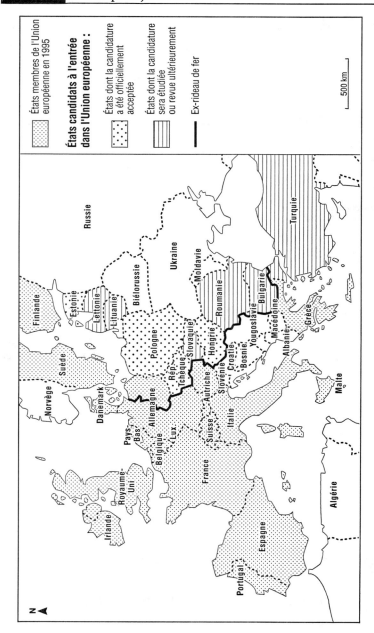

ÉLABORATION ET ORGANISATION DU MONDE D'AUJOURD'HUI

Questions *(8 points)*

Document 2

▶ **1.** À l'aide du document 2, indiquez quels sont les deux blocs en présence et comment est appelée la frontière qui les sépare. En quoi l'existence de la RFA et de la RDA symbolise-t-elle cette coupure de l'Europe ?

Documents 2 et 3

▶ **2.** À l'aide des documents 2 et 3, citez deux des modifications que l'on peut constater dans l'Europe de l'Ouest entre les années 50 et aujourd'hui. Faites de même pour l'Europe de l'Est.

Documents 1 et 2

▶ **3.** Précisez la date du document 1. Relevez deux groupes de mots qui montrent les buts de la CEE et annoncent les modifications que vous avez relevées dans la question 2.

Paragraphe argumenté *(10 points)*

▶ **4.** En vous appuyant sur les documents et vos connaissances, rédigez un paragraphe d'une vingtaine du lignes dans lequel vous montrerez comment l'Europe a évolué de l'après-guerre à nos jours.

21 RENNES
JUIN 2000 • SÉRIE TECHNOLOGIQUE • HISTOIRE

Les changements de frontières en Europe depuis 1945.

Documents d'accompagnement

Document 1 L'Europe en 1948

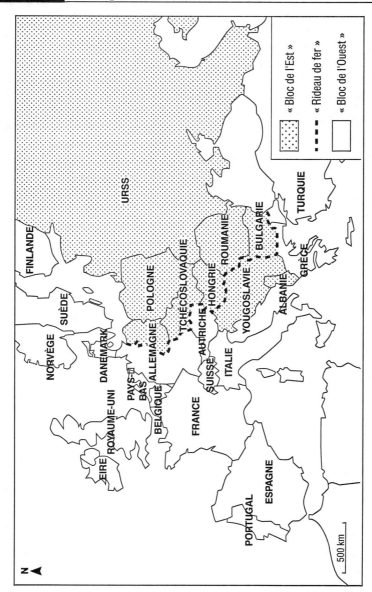

Document 2 — Les conséquences de l'effondrement du communisme en Europe

L'effondrement récent du communisme (1989-1991) a eu des conséquences sur la question frontalière. Il a atténué ou fait disparaître certaines frontières qui avaient pourtant fonctionné pendant près de quarante ans en Europe avec une rigidité certaine : la frontière Est-Ouest, particulièrement douloureuse entre les deux parties de l'Allemagne. Leur réunification fut étonnante par sa rapidité d'exécution. En revanche, maintes frontières que les régimes totalitaires avaient voulu étouffer resurgissent : l'implosion de l'URSS en est un exemple [...]

Le démantèlement de l'ancienne fédération yougoslave fait apparaître, quant à elle, de vieilles lignes d'affrontement entre les deux grands empires multinationaux d'avant 1914, l'Empire austro-hongrois (Croatie et Slovénie) et l'Empire ottoman (Serbie).

J.-P. Renard et **P. Picouet**, *Frontières et territoires*, Documentation photographique, 1993.

Document 3 Les nouveaux États en Europe (1990-1999)

1 Yougoslavie	5 Slovénie	9 Lettonie	13 Ukraine
2 Macédoine	6 République tchèque	10 Estonie	14 Géorgie
3 Bosnie-Herzégovine	7 Slovaquie	11 Biélorussie	15 Arménie
4 Croatie	8 Lituanie	12 Moldavie	16 Russie

Questions

Document 1

▶ **1.** D'après le document 1, comment peut-on caractériser la situation politique de l'Europe en 1948 ? *(2 points)*

Documents 1 et 2

▶ **2.** En vous aidant des documents 1 et 2, dites quel pays symbolise le mieux cette situation. Expliquez pourquoi. *(3 points)*

Documents 1, 2 et 3

▶ **3.** En vous aidant des documents 1, 2 et 3, citez trois grands changements de frontières survenus en Europe après l'effondrement du communisme. *(3 points)*

Paragraphe argumenté

▶ **4.** À l'aide des informations tirées des documents et de vos connaissances, rédigez un paragraphe argumenté d'une vingtaine de lignes montrant que les frontières des États ont considérablement changé en Europe entre 1945 et aujourd'hui.

POITIERS
JUIN 2000 • SÉRIE COLLÈGE • HISTOIRE

Les relations internationales de 1945 à aujourd'hui.

Documents d'accompagnement

Document 1 — Les systèmes d'alliances pendant la guerre froide

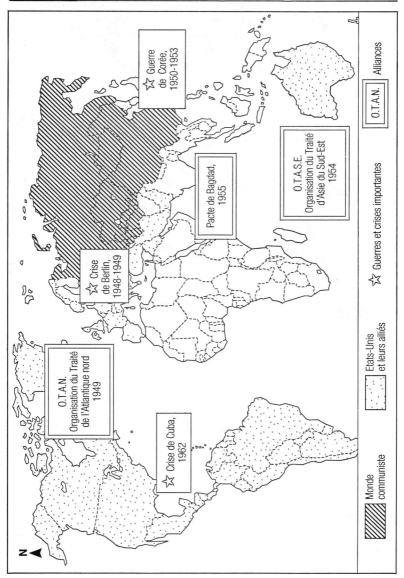

Document 2 — Berlin, 1990

Magazine *Terres d'histoire*, n° 7, juillet 1990.

Document 3

    Après la désagrégation de l'Union soviétique, la supériorité des armes et des armées américaines est telle que les États-Unis bénéficient du privilège exclusif de pouvoir intervenir n'importe quand et n'importe où dans le monde. [...]
    L'ouverture du commerce mondial, les grands accords de libre-échange régionaux, les nouvelles règles de conduite dans le monde des affaires prennent corps dans et autour du marché américain.

Alfred Vallado, article paru dans *Sciences humaines*, n° 17, juin-juillet 1997.

Questions

Document 1

▶ **1.** Dites quelle est la situation politique (alliances, conflits) au niveau mondial pendant la guerre froide. *(4 points)*

Document 2

▶ **2.** Quel événement relate ce document ? *(2 points)*

Document 3

▶ **3.** Dites quelle est la place des États-Unis dans le monde en 1997, précisez dans quels domaines. *(2 points)*

Paragraphe argumenté

▶ **4.** À partir des documents fournis et de vos connaissances, rédigez un paragraphe argumenté d'une vingtaine de lignes, dans lequel vous montrerez l'évolution des relations internationales de 1945 au monde d'aujourd'hui.

---

23 ASIE
JUIN 2000 • HISTOIRE

L'évolution des relations internationales depuis 1945 : l'exemple de l'Allemagne.

Documents d'accompagnement

Document 1 L'Allemagne de 1949 à 1989

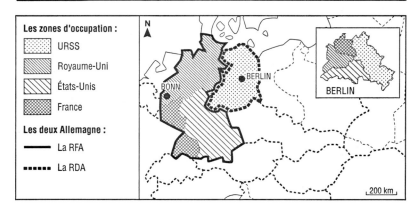

Document 2 J. F. Kennedy devant le mur de Berlin, le 23 juin 1963

Réagissant à la construction du mur de Berlin, J.F. Kennedy se rend dans la ville et déclare : « *Ich bin ein Berliner* » (« Je suis un Berlinois »).

Document 3 « L'Allemagne, an 10 »

Les trois hommes qui jouèrent un rôle-clé dans la chute du mur de Berlin, le Russe Mikhaïl Gorbatchev, l'Américain George Bush et l'Allemand Helmut Kohl devaient célébrer ensemble dans cette ville, mardi 9 novembre, un événement qui a changé la face de l'Europe. Tous trois devaient s'adresser au Bundestag*, redire ce que furent ces journées de novembre 1989 et formuler leurs espoirs pour l'Europe à venir. Celle-ci, dix ans après la chute du mur, offre une image contrastée... Dans le large espace s'étirant entre l'Allemagne et la Russie sont apparus onze États indépendants... (qui doivent) tous ou presque... entrer dans l'Union européenne. Les pessimistes avaient avancé que cette dernière sortirait affaiblie de l'unification allemande. Une Allemagne unie, forte d'une puissance sans équivalent chez ses partenaires de l'Union serait tentée par l'unilatéralisme. Il n'en a rien été ; ces dix dernières années ont vu la poursuite de l'intégration européenne.

Extrait d'un article du journal *Le Monde*, 10 novembre 1999.

* Bundestag : l'Assemblée nationale allemande.

Questions

Document 1

▶ **1.** Comment se présente l'Allemagne en 1949 ? *(3 points)*

Document 2

▶ **2.** Que veut dire le président Kennedy ? *(3 points)*

Documents 1, 2 et 3

▶ **3.** Quelle est l'évolution de la situation de l'Allemagne ? *(2 points)*

Paragraphe argumenté

▶ **4.** Avec l'aide des documents, des réponses aux questions et de vos connaissances, rédigez un paragraphe argumenté d'une vingtaine de lignes sur le sujet suivant : « Montrez l'évolution des relations internationales depuis 1945 à travers l'exemple de l'Allemagne ».

24 CLERMONT-FERRAND • JUIN 2000
SÉRIES COLLÈGE ET TECHNOLOGIQUE • HISTOIRE

La guerre froide à travers l'exemple de l'Allemagne (1947-1989).

Documents d'accompagnement

Document 1   Les deux Allemagne et Berlin en 1949

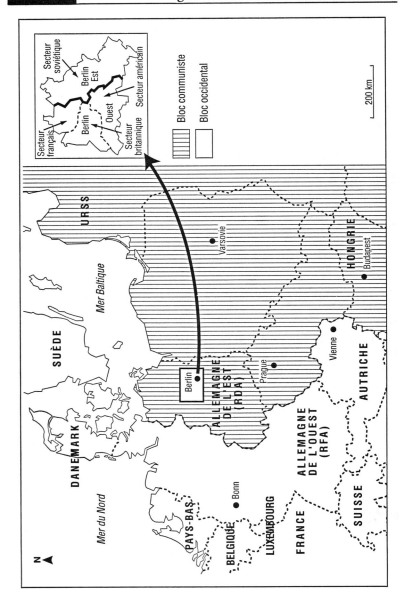

Document 2 — Discours prononcé par le président Kennedy face au mur de Berlin, le 23 juin 1963

Il y a beaucoup de gens dans le monde qui ne comprennent pas ou qui prétendent ne pas comprendre quelle est la grande différence entre le monde libre et le monde communiste.
Qu'ils viennent à Berlin !
Il y en a qui disent qu'en Europe et ailleurs nous pouvons travailler avec les communistes.
Qu'ils viennent à Berlin ! *Lass sit nach Berlin kommen !*[1]
Notre liberté éprouve certes beaucoup de difficultés et notre démocratie n'est pas parfaite. Cependant, nous n'avons jamais eu besoin, nous, d'ériger un mur pour empêcher notre peuple de s'enfuir [...]
Le mur fournit la démonstration éclatante de la faillite du système communiste. [...]
Tous les hommes libres, où qu'ils vivent, sont citoyens de Berlin. C'est pourquoi, en tant qu'homme libre, je suis fier de dire : « *Ich bin ein Berliner !* »[2]

---
1. « Qu'ils viennent à Berlin ! »
2. « Je suis un Berlinois ! »

Document 3 Dessin de Plantu

Extrait de *Un vague souvenir*, Éditions Le Monde, 1990.

Questions

Documents 1 et 2

▶ **1.** Kennedy parle de la « différence entre le monde libre et le monde communiste ». En quoi la carte du document 1 illustre-t-elle cette différence ? Quel nom a-t-on donné à la frontière entre les deux Allemagne ?

▶ **2.** Cette différence entre le monde libre et le monde communiste est-elle également visible à Berlin ? Justifiez votre réponse.

Document 3

▶ **3.** Quel événement est représenté par le document 3 ? Quelle est la date exacte de cet événement ?

Paragraphe argumenté

▶ **4.** Dans un paragraphe argumenté d'une vingtaine de lignes, à l'aide de vos connaissances et des réponses aux questions précédentes, montrez comment le cas de l'Allemagne illustre la guerre froide (1947-1989).

---

25 CAEN
JUIN 2000 • SÉRIE COLLÈGE • HISTOIRE

L'Allemagne au cœur des relations Est-Ouest (1945-1990).

Documents d'accompagnement

Document 1 L'Allemagne et Berlin en 1949

Document 2 Début de la construction du mur de Berlin. 12-13 août 1961

Débordées par l'exode de leurs sujets, que les tracasseries policières ne faisaient qu'accélérer, les autorités de la RDA ont employé les grands moyens. Couvert, à ses propres yeux, par une déclaration des nations membres du pacte de Varsovie élaborée à Moscou lors de la dernière réunion de leurs dirigeants, le gouvernement de Berlin-Est a interdit aux habitants de RDA de se rendre à Berlin-Ouest sans un laissez-passer délivré spécialement à cette fin. Il a de même immédiatement ordonné aux cinq cent mille frontaliers qui prenaient chaque matin le métro pour aller travailler à Berlin-Ouest de chercher, à partir d'aujourd'hui, une occupation dans les entreprises de Berlin-Est.

Pour assurer l'efficacité de ces mesures, la circulation des lignes de métro conduisant d'Est en Ouest dans l'ex-capitale du Reich a été arrêtée [...], des barbelés ont été disposés [...].

Il n'est plus question pour les Berlinois de l'Est et les habitants de RDA de « choisir la liberté ».

D'après le journal *Le Monde*, le 15 août 1961.

Document 3 La chute du mur de Berlin (1989) et la réunification allemande (1990)

Le 3 octobre 1990, une nouvelle Allemagne est fondée, scellant la fin de l'ère de Yalta et l'avènement d'un nouvel ordre européen [...]. La République démocratique allemande (RDA), constituée en 1949 dans la zone d'occupation soviétique, devient part entière de la République fédérale d'Allemagne.

Il ne s'est pas écoulé un an entre les premières grandes manifestations contre le régime communiste et l'unification allemande [...]. L'ouverture du rideau de fer entre la Hongrie et l'Autriche a provoqué une ruée vers l'Ouest. Depuis le début de la semaine de violents affrontements ont lieu à Dresde [...].

Renonçant à l'utilisation de la force, le régime s'effondre avec une rapidité stupéfiante [...].

Les Soviétiques finissent par accepter que la RDA, clé de voûte de leur dispositif militaire en Europe, fasse partie de l'Alliance atlantique* [...].

Henri de Bresson, d'après « Mutations à l'Est », *Le Monde*, numéro spécial, novembre 1990.

---

* Alliance atlantique ou OTAN : organisation militaire des pays occidentaux.

Questions *(8 points)*

Document 1

▶ **1.** Quel sort a été réservé à l'Allemagne et à sa capitale en 1945, à quoi cela a-t-il abouti en 1949 ?

Documents 2 et 3

▶ **2.** Montrez, à partir des documents 2 et 3, en quoi la situation de l'Allemagne a changé entre 1961 et 1989-1990.

Document 3

▶ **3.** Montrez que les changements opérés en Allemagne ne sont pas isolés, mais que c'est toute l'Europe de l'Est qui est transformée en 1989-1990.

Paragraphe à rédiger *(10 points)*

▶ **4.** Rédigez, à partir de votre travail sur les documents et à partir de vos connaissances un paragraphe argumenté sur le sujet suivant : « L'Allemagne au cœur des relations Est-Ouest (1945-1990) ».

L'Allemagne et Berlin depuis 1945.

Documents d'accompagnement

Document 1 Les deux Allemagne en 1949

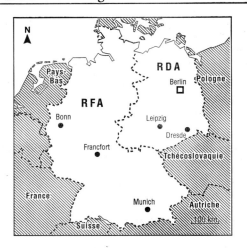

Document 2

Il y a beaucoup de gens dans le monde qui ne comprennent pas ou qui prétendent ne pas comprendre quelle est la grande différence entre le monde libre et le monde communiste.

Qu'ils viennent à Berlin !

Il y en a qui disent qu'en Europe et ailleurs, nous pouvons travailler avec les communistes.

Qu'ils viennent à Berlin ! *Lass sie nach Berlin kommen*[1] *!*

Notre liberté éprouve certes beaucoup de difficultés et notre démocratie n'est pas parfaite. Cependant, nous n'avons jamais eu besoin, nous, d'ériger un mur pour empêcher notre peuple de s'enfuir. […] Le mur fournit la démonstration éclatante de la faillite du système communiste. […]

Tous les hommes libres, où qu'ils vivent, sont citoyens de Berlin. C'est pourquoi, en tant qu'homme libre, je suis fier de dire : « *Ich bin ein Berliner !*[2] ».

Extrait du discours de **J. F. Kennedy** à Berlin, juin 1963.

---

1. « Qu'ils viennent à Berlin ! »
2. « Je suis un Berlinois ! ».

Document 3 — Dessin de Plantu, une du journal *Le Monde*, 11 novembre 1989

Questions

Document 1

▶ **1.** Quelle est la situation de l'Allemagne et de Berlin en 1949 ?

Document 2

▶ **2.** De quelle liberté les Berlinois sont-ils privés lorsque J. F. Kennedy prononce son discours en 1963 ?
Quel obstacle les en prive ?
▶ **3.** Comment Kennedy juge-t-il les pays communistes ?
À quoi les oppose-t-il ?

Document 3

▶ **4.** À quel événement se rapporte la caricature ?

Documents 2 et 3

▶ **5.** Le Berlinois reprend la phrase de J. F. Kennedy : pourquoi ?

Synthèse

▶ **6.** À travers l'exemple de l'Allemagne et de Berlin de 1945 à 1990, vous montrerez l'évolution des relations Est-Ouest, l'affrontement et la dislocation des Blocs.
Vous rédigerez une vingtaine de lignes en vous appuyant sur les documents et sur vos connaissances.

---

27 GUADELOUPE - GUYANE - MARTINIQUE
JUIN 2000 • HISTOIRE

Décolonisation et conflits régionaux : l'ensemble de l'Inde.

Documents d'accompagnement

Document 1

La ligue musulmane[1] se fonde sur la réalité. J'ai expliqué les différences fondamentales entre hindous et musulmans. Il n'y a jamais eu pendant tous ces siècles d'unité entre ces deux nations. L'administration britannique n'a maintenu la paix, la loi et l'ordre dans ce pays que par le recours à la police et à l'armée.
La revendication du Congrès[2] de Nehru[3] est fondée sur une nationalité qui n'existe pas. Notre solution se fonde sur la partition du territoire de ce sous-continent en deux États souverains : l'Hindoustan et le Pakistan.

Discours d'**Ali Jinnah**, avril 1946.

1. Le parti dirigé par Jinnh.
2. Le parti dirigé par Nehru, favorable à la situation d'un seul État.
3. Nehru est un compagnon de Gandhi.

Document 2 — Les États issus de l'Inde britannique (1947)

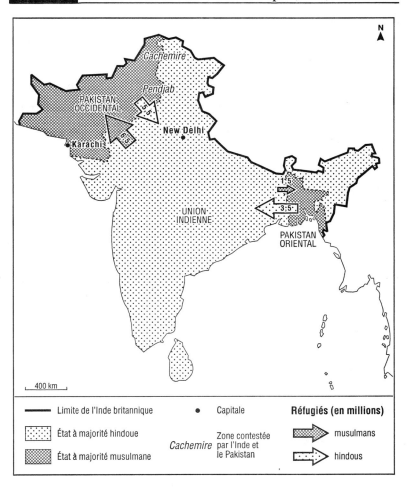

Document 3 — Chronologie

1942 : résolution « Quit India » votée par le Congrès à la demande de Gandhi, l'apôtre de la non-violence.
1947 : indépendance des Indes britanniques : création de l'Union indienne du Pakistan ; massacres, déplacement de 16 millions de personnes.
1947-1948 : première guerre indo-pakistanaise.
1948 : assassinat de Gandhi par un extrémiste hindou.

Questions

Document 1

▶ **1.** Dans le document 1, quelles sont les revendications de l'auteur pour le changement de statut de l'Inde ?

Document 2

▶ **2.** Montrer à partir de ce document sur quels critères les frontières de l'Inde britannique sont modifiées.

Document 3

▶ **3.** Sélectionnez dans la chronologie les événements qui montrent que le programme de Gandhi n'a pas entièrement abouti.

Paragraphe argumenté

▶ **4.** À l'aide des informations sélectionnées et de vos connaissances, rédigez un texte d'une vingtaine de lignes dans lequel vous montrerez que la décolonisation a pu donner naissance à des conflits régionaux.

3. Les puissances économiques majeures

A. Les États-Unis

28 POITIERS
JUIN 2000 • SÉRIE TECHNOLOGIQUE • GÉOGRAPHIE

Les facteurs de la puissance des États-Unis.

Documents d'accompagnement

Document 1 New York, capitale d'Internet

À New York s'ébauche l'économie du XXIe siècle. Surfant sur la vague d'Internet, des centaines de PME fondées par de jeunes « businessmen »[1] aux dents longues, créent des milliers d'emplois. Cette fièvre parcourt tout le « Silicon Alley », version urbaine et new-yorkaise de la Silicon Valley californienne. En vérité, à Manhattan, on chercherait vainement une rue ou une avenue méritant une telle appellation. Pourquoi un tel engouement ?

New York a toujours été la capitale planétaire de la communication, celle où les plus grands groupes de presse, d'édition, de publicité et de musique sont établis. D'où la division du travail qui s'est mise en place entre Pacifique et Atlantique sur la côte Ouest, les poids lourds de l'informatique (Sun, Oracle, Cisco ou Microsoft) inventent les technologies, à New York, les créatifs et les pros du marketing[2] les utilisent pour créer des sites sur le réseau, expérimente le commerce électronique ou la « cyberpublicité »... À New York, les jeunes loups du multimédia préparent déjà la prochaine étape : le commerce électronique et ses milliards de dollars de chiffre d'affaires potentiels.

S. Courage, *Capital*, mars 1997.

1. Businessmen : hommes d'affaires.
2. Marketing : étude de marché.

Document 2 — Évolution de l'emploi dans quelques secteurs-clés aux États-Unis

Activités (millions d'emplois)	1993	1998
Médias	1,52	1,69
Logiciels	0,99	1,6
Ordinateurs et composants	0,54	0,61
Automobile	0,82	0,96
Aéronautique	0,85	0,75
Télécommunications	1,04	1,13
Pharmacie	0,26	0,26

Source : département d'État américain au commerce.

Document 3 — Classement boursier des dix plus riches entreprises mondiales en 1998

	Entreprises	Pays	Activité principale
1	Microsoft	États-Unis	informatique
2	General Electric	États-Unis	équipement électrique
3	Exxon	États-Unis	pétrole
4	Royal Dutch/Shell	Pays-Bas	pétrole
5	Merck	États-Unis	pharmacie
6	Pfizer	États-Unis	pharmacie
7	Intel	États-Unis	informatique
8	Coca-Cola	États-Unis	agroalimentaire
9	Wal-Mart Stores	États-Unis	agroalimentaire
10	IBM	États-Unis	informatique

Questions

Document 1

▶ **1.** Où se trouve la « Silicon Valley » ? Où se trouve la « Silicon Alley » ? Précisez deux activités qui caractérisent la « Silicon Alley ». *(3 points)*

Documents 1 et 2

▶ **2.** Repérez dans le document 2 la croissance du nombre d'emplois la plus remarquable et retrouvez dans le document 1 une information qui la confirme. *(2 points)*

Document 3

▶ **3.** Indiquez trois autres domaines de la puissance économique des États-Unis. *(3 points)*

Paragraphe argumenté *(10 points)*

▶ **4.** À partir des documents fournis et de vos connaissances, rédigez un paragraphe argumenté d'une vingtaine de lignes dans lequel vous traiterez : « Les facteurs de la puissance des États-Unis ».

---

29 RENNES • JUIN 2000
SÉRIES COLLÈGE ET TECHNOLOGIQUE • GÉOGRAPHIE

Les multiples aspects de la puissance des États-Unis d'Amérique dans le monde.

Documents d'accompagnement

Document 1 La puissance agricole des États-Unis

La capacité agricole demeure, même dans les économies industrielles, un des attributs de la puissance [...]
Avec 62 millions de tonnes, les États-Unis ne sont pourtant pas les premiers producteurs mondiaux de blé (l'Inde en produit quasiment autant et la Chine presque le double). Mais ils sont de loin les premiers exportateurs, expédiant en moyenne chaque année plus de 30 millions de tonnes, soit le tiers du commerce international. Cela explique le rôle clé de la Bourse aux grains de Chicago. C'est ici que se fixent les prix à terme du blé et d'autres produits agricoles comme le maïs et le soja.

G. Dorel, *La Puissance des États,* Documentation photographique, n° 8006, décembre 1998.

Document 2 Plan de New York

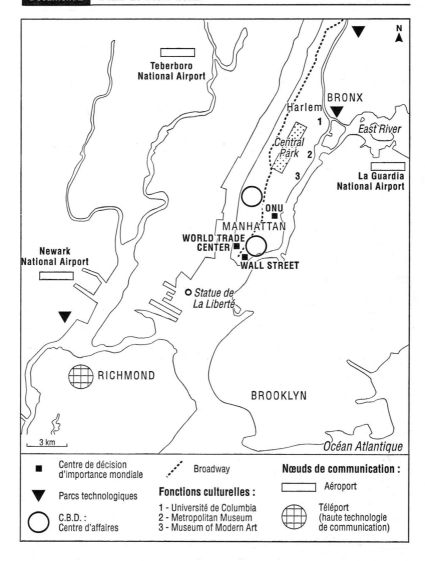

Document 3 — Dessin de Charb paru dans *Télérama*, 29-10-1997

Beverly Hills, Les dessous de Palm Beach, Hollywood Night, etc. : titres de séries télévisées américaines.

Questions

Document 1

▶ **1.** Citez trois aspects de la puissance agricole des États-Unis. *(3 points)*

Document 2

▶ **2.** En vous aidant du document 2, recopiez sur votre copie le tableau suivant et complétez-le. *(3 points)*

Citez trois lieux précis dans la ville de New York qui prouvent la puissance mondiale des États-Unis.	Pour chacun de ces lieux, indiquez la domaine dans lequel s'exerce cette puissance.
1)	
2)	
3)	

Document 3

▶ **3.** Quelle forme de domination américaine montre le document 3 ? Expliquez-la. *(2 points)*

Paragraphe argumenté *(10 points)*

▶ **4.** À l'aide des informations tirées des documents et de vos connaissances, rédigez un paragraphe argumenté d'une vingtaine de lignes montrant que la puissance des États-Unis s'exerce de multiples façons sur le monde.

BESANÇON, DIJON, LYON, NANCY-METZ, REIMS, STRASBOURG • JUIN 2000

SÉRIES COLLÈGE ET TECHNOLOGIQUE • GÉOGRAPHIE

Les États-Unis : première puissance économique mondiale.

Documents d'accompagnement

Document 1 Les principales productions industrielles

Types d'industries	Rang mondial	Part de la production mondiale
Automobile	1er	21 %
Acier	3e	12 %
Micro-informatique	1er	45 %
Industries pharmaceutiques	1er	30 %
Semi-conducteurs	1er	37 %

Document 2 L'agriculture, instrument de la puissance américaine

Avec 62 millions de tonnes, les États-Unis ne sont pourtant pas les premiers producteurs mondiaux de blé (l'Inde en produit quasi autant et la Chine presque le double). Mais ils sont de loin les premiers exportateurs, expédiant en moyenne chaque année plus de 30 millions de tonnes, soit le tiers du commerce international. Cela explique le rôle-clef de la bourse aux grains de Chicago, le Chicago Board of Trade. C'est ici que se fixent les prix à terme du blé et d'autres produits agricoles comme le maïs et le soja.

Gérard Dorel, *La Puissance des États*, Documentation photographique, décembre 1998.

Document 3 — Total des capitaux des États-Unis investis dans le monde

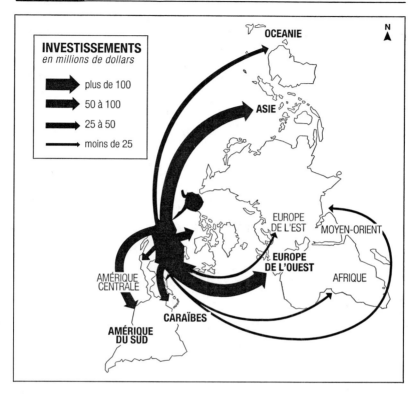

Questions *(8 points)*

Documents 1 et 2

▶ **1.** À l'aide de quatre exemples, montrer que les États-Unis dominent, à l'échelle mondiale, dans l'agriculture et l'industrie. *(4 points)*

Document 2

▶ **2.** Comment ce document illustre-t-il le rôle de commandement des États-Unis sur le reste du monde ? *(2 points)*

Document 3

▶ **3.** Citer deux régions du monde où les États-Unis investissent en priorité. *(2 points)*

Paragraphe argumenté *(10 points)*

▶ **4.** À partir des informations tirées des documents et en vous aidant de vos connaissances, vous rédigerez un paragraphe argumenté d'une vingtaine de lignes, où vous montrerez que les États-Unis sont la première puissance économique mondiale.

---

31 BORDEAUX
JUIN 2000 • SÉRIE COLLÈGE • GÉOGRAPHIE

La puissance américaine.

Documents d'accompagnement

Document 1 — Classement boursier des dix plus riches entreprises mondiales en 1998

1. Microsoft, États-Unis ; informatique
2. General Electric, États-Unis ; équipement électrique
3. Exxon, États-Unis ; pétrole
4. Royal Dutch / Shell, Pays-Bas / Royaume-Uni ; pétrole
5. Merck, États-Unis ; médicaments
6. Pfizer, États-Unis ; médicaments
7. Intel, États-Unis ; informatique
8. Coca-Cola, États-Unis ; agroalimentaire
9. Wal-Mart Stores, États-Unis ; agroalimentaire
10. IBM, États-Unis ; informatique

Document 2

    McDonald's et Coca-Cola ont une présence universelle et participent à la plupart des grands événements célébrant la jeunesse, la liberté et la joie de vivre. Sur le plan économique, les firmes américaines profitent de cet élargissement des débouchés : Coca-Cola réalise 66 % de son chiffre d'affaires à l'étranger et en retire 80 % de ses bénéfices. Michael

Eisner, PDG de Disney Productions, a récemment déclaré :
« Nous ne sommes même plus capables d'exporter des voitures ou de l'acier ; la seule chose qui nous reste, ce sont nos produits culturels. »
« Cinéma et télévision sont effectivement le deuxième secteur d'exportation derrière l'agroalimentaire. »

Y.-H. Nouaillah, *Les États-Unis et le monde au XXᵉ siècle*, A. Colin, 1997.

Document 3   La France et les États-Unis (*Gironde Magazine*)

Questions *(8 points)*

Documents 1, 2, 3

▶ **1.** Relevez dans les documents 1, 2 et 3 les éléments soulignant la puissance :
a) agroalimentaire des États-Unis ?
b) industrielle des États-Unis ?
▶ **2.** Relevez dans les documents 2 et 3, les éléments caractéristiques de l'*American way of life* (mode de vie américain).
▶ **3.** Comment le dessinateur dénonce-t-il certains aspects de la puissance américaine ?

Paragraphe argumenté *(10 poins)*

▶ **4.** D'après les documents et vos connaissances, en une vingtaine de lignes, présentez les différents aspects de la puissance américaine (économiques, culturels, militaires) et ses limites.

---

32 GRENOBLE
JUIN 2000 • SÉRIE TECHNOLOGIQUE • GÉOGRAPHIE

La puissance américaine dans le monde.

Documents d'accompagnement

Document 1 Les États-Unis en 1945

Ce pays était le seul intact. Son économie, bâtie sur des ressources en apparence illimitées, se hâtait de sortir du régime du temps de guerre pour produire des quantités énormes de biens de consommation. [...] Les États-Unis se sentaient assurés d'être pour longtemps les plus prospères. Et puis, ils étaient les plus forts ! Quelques jours avant ma visite à Washington, les bombes atomiques avaient réduit le Japon à la capitulation.

Général de Gaulle, *Mémoires de guerre*, Plon, 1959.

Document 2 Les dix plus riches entreprises mondiales en 1998 (classement boursier)

Entreprise	Pays	Activité principale
1. Microsoft	États-Unis	informatique
2. General Electric	États-Unis	équipement électrique
3. Exxon	États-Unis	pétrole
4. Royal Dutch	Pays-Bas / Royaume-Uni	pétrole
5. Merck	États-Unis	médicaments
6. Pfizer	États-Unis	médicaments
7. Intel	États-Unis	informatique
8. Coca-Cola	États-Unis	agroalimentaire
9. Wal-Mart Stores	États-Unis	agroalimentaire
10. IBM	États-Unis	informatique

Document 3 — Le rayonnement des États-Unis

Le plus grand réseau de télévision du monde, MTV, qui touche près de 300 millions de foyers dans 79 pays – en traversant l'Atlantique pour s'implanter en Europe, en 1987 –, a fait du basketteur Michael Jordan la personnalité la plus spontanément citée par les jeunes Chinois comme populaire [...]. Nike ou Pepsi deviennent les emblèmes d'une nouvelle génération de plus en plus homogène, par-delà les frontières.

I. Bérélowitch, *Croissance*, n° 411, 1998.

Questions *(8 points)*

Document 1

▶ **1.** Relevez les expressions qui montrent que les États-Unis étaient déjà une grande puissance en 1945.

Documents 2 et 3

▶ **2.** Dressez la liste des activités qui illustrent la puissance américaine actuelle. Regroupez ces activités en deux grandes catégories que vous nommerez.

Documents 1, 2, 3

▶ **3.** En prenant un exemple par document, montrez que la puissance des États-Unis s'exerce dans le monde entier.

Paragraphe argumenté *(10 points)*

▶ **4.** À l'aide des documents et de vos connaissances, montrez, en une vingtaine de lignes, comment la puissance des États-Unis, depuis 1945, leur permet de dominer le monde.

La puissance des États-Unis dans le monde.

Documents d'accompagnement

Document 1 Quoi de neuf ? L'Amérique

Progressivement, le monde de l'après-guerre froide laisse se dessiner le facteur essentiel du nouvel ordre international : celui de la suprématie croissante des États-Unis. L'empire des États-Unis ne se mesure pas seulement en termes de puissance militaire, financière ou industrielle, mais se traduit aussi par des technologies de pointe, une domination sur l'information et la communication, par l'impact de son modèle culturel au sens le plus large. [...]

Le Monde, 5 septembre 1997.

Document 2 Les usines Ford dans le monde

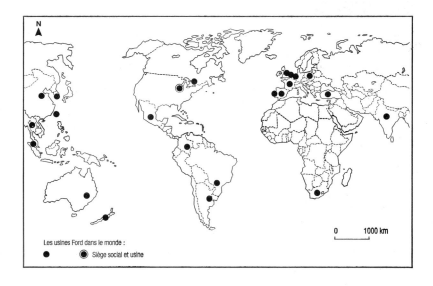

Les usines Ford dans le monde :
● ◉ Siège social et usine

Document 3 « Bienvenue au 200 millionième visiteur » au Disneyland de Tokyo en 1997

Questions

Document 1

▶ **1.** Quelle est la place des États-Unis dans le monde ?

Document 2

▶ **2.** Indiquez dans quelles parties du monde les usines Ford sont installées et nommez le continent encore peu concerné par cette implantation.

Documents 1, 2, 3

▶ **3.** Quelles formes de puissance illustrées par les documents 2 et 3 se retrouvent dans le document 1 ?

Paragraphe argumenté *(10 points)*

▶ **4.** À l'aide des informations fournies par les documents et en utilisant vos propres connaissances, présentez en une vingtaine de lignes la puissance américaine dans le monde.

---

34 ORLÉANS-TOURS ☐
JUIN 2000 • SÉRIES COLLÈGE ET TECHNOLOGIQUE
GÉOGRAPHIE

La domination mondiale des États-Unis.

Documents d'accompagnement

Document 1 La puissance des États-Unis

Les intérêts (des États-Unis) se trouvent déjà en Europe, premier partenaire commercial, lieu privilégié de l'influence économique et culturelle, dont les États-Unis continuent d'assurer la sécurité tant que les Européens ne déterminent pas une politique étrangère propre. Ils sont aussi en Asie où il faut à la fois faire de la Chine un partenaire commercial et contenir ses ambitions de grande puissance régionale tout en garantissant la sécurité du Japon. Au Moyen-Orient, ils sont les arbitres permanents entre Israël, État protégé sans être un protectorat[1], et les pays arabes détenteurs du pétrole dont les États-Unis ont un besoin vital. Il leur faut enfin s'opposer avec plus d'efficacité aux défis qui transcendent[2] les frontières et que même une superpuissance ne peut aisément contenir : la lutte contre la criminalité organisée, la drogue, la prolifération[3] nucléaire, les multiples formes de terrorisme.

Gérard Dorel, *La Puissance des États*, Documentation photographique, décembre 1998

1. Pays soumis au contrôle d'un autre.
2. Dépassent.
3. Multiplication rapide.

Document 2 Les États du G8

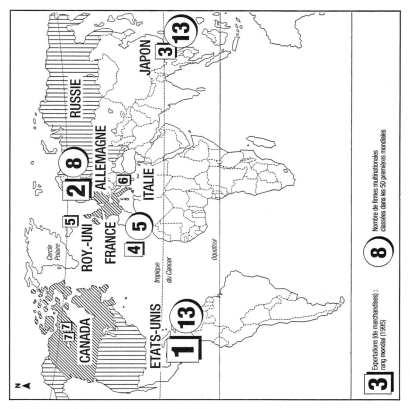

Jean-Pierre Paulet, *L'Espace mondial*, Ellipses, 1998.

Questions

Documents 1 et 2

▶ **1.** Quels sont les différents aspects de la puissance économique des États-Unis ?

Document 1

▶ **2.** Dans quels autres domaines s'exerce la domination américaine ?

Documents 1 et 2

▶ **3.** Avec quelles régions du monde les États-Unis entretiennent-ils des relations privilégiées ?

Document 1

▶ **4.** À quels problèmes doivent faire face les États-Unis ?

Paragraphe argumenté

▶ **5.** En vous appuyant sur les documents et sur vos connaissances, vous rédigerez un paragraphe d'une vingtaine de lignes dans lequel vous montrerez où et comment se manifeste la domination mondiale des États-Unis et vous en indiquerez les limites.

GUADELOUPE - GUYANE - MARTINIQUE
JUIN 2000 • SÉRIE COLLÈGE • GÉOGRAPHIE

La puissance des États-Unis d'Amérique.

Documents d'accompagnement

Document 1 Investissements des États-Unis dans le monde (1994)

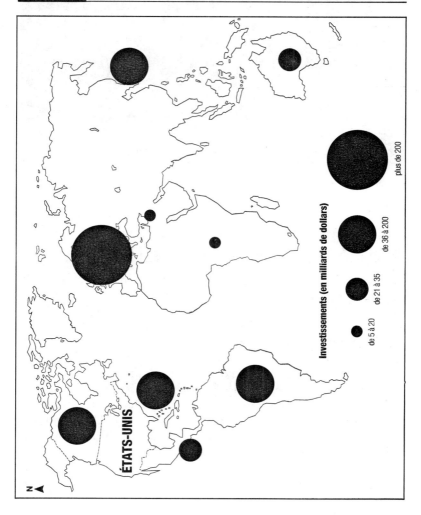

Document 2   1991, le retour de l'armée américaine victorieuse de la guerre du Golfe

Document 3   La domination culturelle des États-Unis

    Le rayonnement culturel des États-Unis s'impose à l'observation des programmes télévisuels : le feuilleton « Dallas » a été diffusé dans 57 pays étrangers en même temps, et était regardé par 550 millions de téléspectateurs en moyenne par épisode à ce moment-là. Les feuilletons diffusés par les chaînes françaises en février 1993, entre 8 heures et 20 heures, proviennent pour plus des deux tiers des États-Unis. Le jeu « La roue de la fortune » est une copie d'un jeu américain.

    Les grandes entreprises des États-Unis utilisent les produits culturels comme moyens d'imposer leur image. Deux entreprises, par exemple, ont une présence universelle : McDonald's et Coca-Cola qui, ces dernières années, ont participé à tous les grands événements célébrant la fête, la jeunesse, la liberté, la joie de vivre.

D'après **J.-Y. Cleach, J. Le Morvan, B. Steck**, *La Puissance américaine*, Ellipses, 1991.

Questions

Document 1

▶ **1.** Classez par ordre croissant les continents d'après l'importance des investissements américains.

Document 2

▶ **2.** Quel aspect de la puissance américaine apparaît à travers ce document ?

Documents 1, 2 et 3

▶ **3.** Montrez les moyens utilisés par les États-Unis pour marquer leur puissance.

Paragraphe argumenté

▶ **4.** En utilisant les documents et vos connaissances, rédigez un paragraphe argumenté qui montre que les États-Unis d'Amérique forment une grande puissance mondiale.

B. Le Japon

36 AIX-MARSEILLE, CORSE, MONTPELLIER, NICE, TOULOUSE
JUIN 2000 • SÉRIE COLLÈGE • GÉOGRAPHIE

L'organisation de l'espace japonais.

Documents d'accompagnement

Document 1 La répartition de la population japonaise

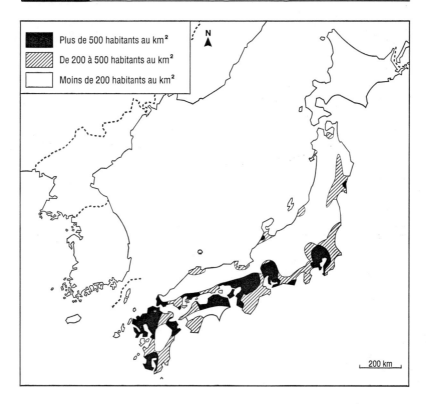

Document 2 — L'espace industriel japonais

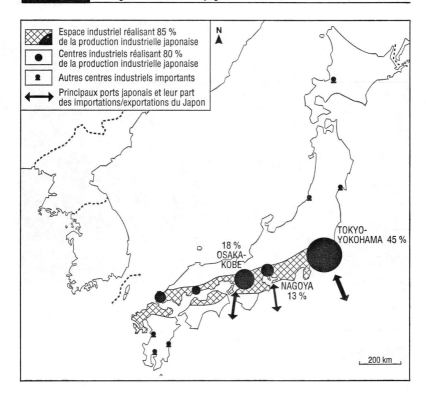

Document 3 Le littoral japonais, près de Keiyo

Questions

Document 1

▶ **1.** Comment la population se répartit-elle sur le territoire japonais ? *(2 points)*

Document 2

▶ **2.** Décrivez l'organisation de l'espace industriel du Japon. *(3 points)*

Documents 3 et 1 ou 2

▶ **3.** Expliquez le paysage littoral visible sur le document 3 en utilisant des informations tirées du document 1 ou 2. *(3 points)*

Paragraphe argumenté *(10 points)*

▶ **4.** À l'aide des documents, de vos réponses aux questions et de vos connaissances, rédigez un paragraphe argumenté d'une vingtaine de lignes sur le sujet suivant : « L'organisation de l'espace japonais ».

La puissance économique du Japon.

Documents d'accompagnement

Document 1 — L'industrie japonaise en 1997

Productions	Rang mondial	Part de la production nationale exportée
Acier	2e	20 %
Automobiles	2e	43 %
Constructions navales	1er	72 %
Télévisions-vidéo	2e	77 %
Magnétoscopes	1er	70 %

Document 2 — Le Japon, une puissance commerciale

Le Japon représente 7,6 % du commerce mondial. [...] Le Japon est très présent en Asie orientale, en Chine notamment mais les États-Unis avec qui il réalise le quart de ses échanges extérieurs, restent de loin son premier partenaire. [...]
Les ports de la baie de Tokyo constituent la plus imposante concentration portuaire de la planète (500 millions de tonnes de trafic). [...]
Les énormes importations de produits pondéreux (= lourds) par voie maritime signalent la dépendance du pays vis-à-vis de l'extérieur pour son énergie, ses matières premières et de plus en plus, pour son alimentation.

Gérard Dorel, *La Puissance des États*, La Documentation photographique, n° 8006.

Document 3 Les pôles industriels et portuaires

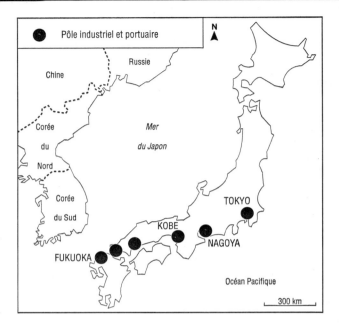

Questions

Documents 1 et 2

▶ **1.** Quels types de produits le Japon exporte-t-il principalement ? Quelles sont les trois catégories de produits importés par le Japon ? *(3 points)*

Documents 1, 2 et 3

▶ **2.** Le document 3 permet de localiser « les grands pôles industriels et portuaires ». Définissez cette expression. *(2 points)*

▶ **3.** En utilisant les documents 1, 2 et 3, donnez trois raisons expliquant la localisation des « grands pôles industriels et portuaires » du Japon. *(3 points)*

Paragraphe argumenté

▶ **4.** À l'aide des informations tirées des documents et de vos connaissances, rédigez un paragraphe argumenté d'une vingtaine de lignes montrant que le Japon est une grande puissance économique.

La puissance japonaise et ses limites.

Documents d'accompagnement

Document 1 — Les centres de l'économie mondiale

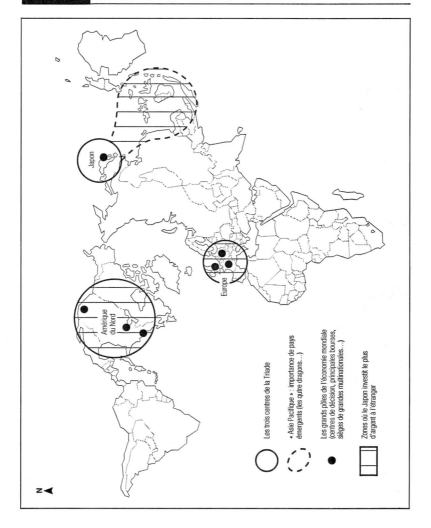

Document 2 — Repères sur la puissance japonaise

	Rang mondial du Japon					
	1er	2e	3e	4e	5e	au-delà
PNB richesse		X				
Dépenses consacrées à la recherche		X				
Grandes entreprises		X				
Placements en bourse		X				
Investissements (= placements d'argent) à l'étranger				X		
Place des banques japonaises dans les 10 premières banques mondiales	X					
Puissance spatiale					X	
Production d'automobiles, motos, constructions navales, photocopieurs, magnétoscopes	X					
Production de pétrole						X

	OUI	NON
Membre du G 7 (groupe des 7 pays les plus industrialisés du monde)	X	
Puissance nucléaire		X
Membre du Conseil de sécurité de l'ONU		X

D'après la *Documentation photographique* de décembre 1998 et diverses sources statistiques.

Document 3

À partir de 1991, la situation financière du Japon se dégrade [...]. La production et les ventes baissent, la croissance tombe dans le négatif en 1993 et ne devrait pas dépasser 1,5 % cette année. Les profits des entreprises ont baissé depuis 7 ans [...] et les Japonais craignent désormais le chômage, même s'il ne concerne encore que 3,4 % de la population active.

Le Japon est en fait aujourd'hui en pleine période de mutation et doit s'adapter à des conditions économiques moins favorables [...].

Ce que l'on appelait dans les années 80 le « modèle japonais » est aujourd'hui en crise, même si les secteurs de l'électronique ou de l'automobile restent des secteurs où il règne en maître.

D'après *Les Clés de l'actualité n° 280*, décembre 1997.

Questions *(8 points)*

Document 1

▶ **1.** À quel grand ensemble économique mondial le Japon appartient-il ?

Documents 1, 2 et 3

▶ **2.** Quels sont les aspects de la puissance du Japon qui apparaissent :
a) dans le domaine industriel (donnez deux aspects) ?
b) dans le domaine financier (donnez deux aspects) ?

Documents 2 et 3

▶ **3.** Relevez trois informations montrant les limites de la puissance du Japon.

Paragraphe à rédiger *(10 points)*

▶ **4.** Rédigez à partir de votre travail sur les documents et à partir de vos connaissances un paragraphe argumenté répondant au sujet suivant : « Montrez que le Japon est une grande puissance mondiale mais que cette puissance connaît certaines limites ».

C. L'Union européenne

39 AMIENS, CRÉTEIL, LILLE, PARIS, ROUEN, VERSAILLES
JUIN 2000 • SÉRIE TECHNOLOGIQUE • GÉOGRAPHIE

L'Union européenne : une puissance en construction.

Documents d'accompagnement

Document 1 Airbus dans la cour de Boeing

Le consortium européen Airbus Industrie, qui fêtera demain le 25e anniversaire du premier vol d'un de ses avions, est très fier d'être parvenu en une génération à parler d'égal à égal avec le géant américain Boeing. Il reste en effet le seul concurrent du numéro un mondial depuis l'absorption de Mc-Donnell Douglas par Boeing. Airbus Industrie revendique, en 1997, 43 % des ventes d'avions neufs (249 Airbus sur 581 appareils de plus de 100 places). Après avoir détenu 30 % des parts de marché en 1996, il vise ouvertement la moitié du marché face à Boeing Mc-Donnell Douglas.

D'après le quotidien régional *Le Courrier picard*, 27 octobre 1997.

Document 2 — Les trois grands pôles des échanges mondiaux

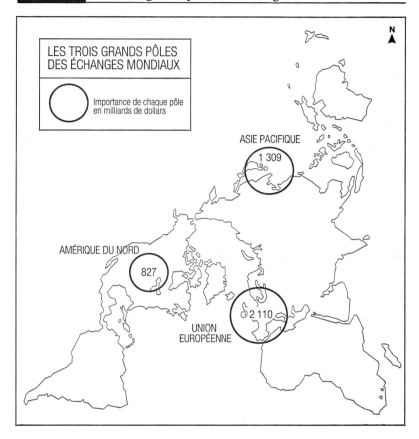

Document 3

Les Quinze prévoient, à l'issue du sommet d'Helsinki, de se donner la capacité de mobiliser, au sein de l'Union européenne (UE), l'équivalent d'un corps d'armée qui rassemblerait entre 50 000 et 60 000 hommes. Le dispositif est destiné à mener des actions humanitaires et des missions de maintien ou de rétablissement de la paix. [...]

L'Allemagne, la France, la Grande-Bretagne ou l'Italie, par exemple, poussent dans le même sens, sur la voie de cette identité de défense et de sécurité propre à l'Europe pour exister à côté des États-Unis.

Extrait du journal *Le Monde*, 13 décembre 1999.

Questions

Document 1

▶ **1.** Quelle est la place du constructeur européen Airbus sur le marché aéronautique mondial ? Quelle est la nationalité de son principal concurrent ? *(2 points)*

Document 2

▶ **2.** Quel est le poids de l'Union européenne dans les échanges mondiaux ? Que constatez-vous si vous additionnez le total du commerce de l'Asie Pacifique et de l'Amérique du Nord ? *(2 points)*

Document 3

▶ **3.** Que prévoit l'Union européenne en matière de défense ? Pourquoi ? *(2 points)*

Paragraphe argumenté *(10 points)*

▶ **4.** À partir des informations tirées des documents et de vos connaissances, vous rédigerez un paragraphe argumenté d'une vingtaine de lignes montrant que l'Union européenne est une puissance en construction.

40 POLYNÉSIE
JUIN 2000 • SÉRIE TECHNOLOGIQUE • GÉOGRAPHIE

L'euro, la nouvelle monnaie de onze pays de l'Union européenne.

Documents d'accompagnement

Document 1

Le 1er janvier 1999, l'euro a été adopté, comme monnaie unique, par onze pays de l'Union européenne. Pour l'instant, les anciennes monnaies n'ont pas disparu, elles vont continuer à circuler pendant trois ans, le temps pour les populations de s'habituer à la nouvelle monnaie. Dans les magasins, les prix sont maintenant affichés dans la monnaie ancienne et en euro.

Le 1er janvier 2002, l'euro remplacera définitivement les onze monnaies anciennes, les achats s'effectueront alors avec les huit pièces et les sept billets de l'euro.

Grâce à l'euro, les pays européens espèrent faciliter la circulation des marchandises et développer le commerce.

Quatre pays de l'Union européenne n'ont pas adopté l'euro, deux raisons à cela :
– Le refus d'abandonner leur ancienne monnaie. C'est le cas du Royaume-Uni.
– Un niveau de richesse encore insuffisant. C'est le cas de la Grèce.

Adapté du manuel *Histoire-géographie 3e*, Bordas, 1999.

Document 2

Précision : Le pays mentionné sous le nom de « LUX » est le Luxembourg.
Histoire-géographie 3e, Bordas. 1999.

Document 3 — Consommateurs dans un supermarché de l'Union européenne

Histoire-Géographie 3e, Bordas, 1999.

Questions

Document 1 *(2,5 points)*

▶ **1.** Quels événements importants marquent les dates du 1er janvier 1999 et du 1er janvier 2002 ?
▶ **2.** Pourquoi onze pays ont-ils choisi d'adopter l'euro ?
▶ **3.** Donnez les deux raisons pour lesquelles quatre pays n'ont pas adopté l'euro.

Document 2 *(2,5 points)*

▶ **4.** Quelle est la nature de ce document ?
▶ **5.** Sur ce document figurent les noms des pays de l'Union européenne, combien sont-il ?
▶ **6.** Nommez les quatre pays qui n'ont pas adopté l'euro.

Document 3 *(1,5 point)*

▶ **7.** Quelle est la nature de ce document ?
▶ **8.** Dans quel endroit a été pris ce document ?
▶ **9.** Quelle est la monnaie qui indique les prix des produits sur les deux affiches ?

Répondez aux questions en mettant les documents en relation *(1,5 point)*

Documents 1 et 2

▶ **10.** Nommez deux pays où l'euro sera la monnaie utilisée dès le 1er janvier 2002.

Documents 2 et 3

▶ **11.** Donnez le nom d'un pays de l'Union européenne d'où le document 3 ne peut pas venir. Expliquez pourquoi.

Paragraphe argumenté d'une vingtaine de lignes
(10 points)

▶ **12.** Expliquez comment, avec l'arrivée de l'euro, les habitudes des consommateurs de l'Union européenne vont être transformées. Les changements vont également concerner les échanges commerciaux entre les onze pays. Quels sont les espoirs et aussi les craintes des Européens ?
a) Vous rappellerez les deux grandes dates de mise en place de l'euro et les pays qui font partie de la « zone euro ».
b) Dans une première partie, expliquez quels avantages et quelles difficultés vont rencontrer les consommateurs européens, lorsque l'euro deviendra leur unique monnaie.
c) Dans une deuxième partie, dites pourquoi la monnaie unique représente un grand espoir chez certains industriels, expliquez également les raisons qui inquiètent beaucoup de producteurs.
d) Enfin, rappelez que quatre pays ne sont pas concernés par la nouvelle monnaie. Expliquez pourquoi trois ont refusé, alors que la Grèce, pourtant désireuse d'adopter l'euro, n'a pas obtenu cette autorisation.

L'Union européenne, une puissance économique mondiale.

Document 1 Quelques indicateurs de puissance (données 1998)

	Union européenne	États-Unis	Japon	Monde
Population en millions d'habitants	376,60	267,70	126,10	5 840,00
PNB (en milliards de dollars) 1995	7 978,30	7 100,00	4 968,50	
Céréales (en millions de tonnes)	187,30	330,60	0,55	2 033,40
Automobiles (en millions de voitures)	14,39	6,00	7,86	36,40
Exportations (en % du total mondial) 1996	44,50	16,00	18,00	100,00
Importations (en % du total mondial)	42,00	18,90	6,60	100,00

Document 2 — L'Union européenne dans les échanges mondiaux

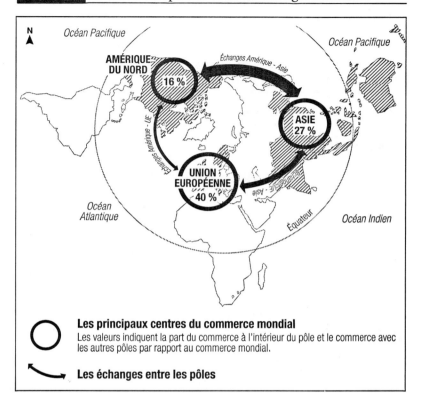

Les principaux centres du commerce mondial
Les valeurs indiquent la part du commerce à l'intérieur du pôle et le commerce avec les autres pôles par rapport au commerce mondial.

Les échanges entre les pôles

Document 3 — Airbus, un exemple de réussite des Européens à travers le monde

Boeing triomphe et Airbus exulte*. [...] Après Boeing, qui vient de faire état d'un total de 656 commandes d'avions au titre de 1998 [...], Airbus Industrie a finalement annoncé hier un tableau de chasse de 556 appareils vendus lors de la même période, pour un montant de 33,8 milliards d'euros. [...] Un total de 229 avions a été livré l'an dernier (+ 25 %) « tous prêts en temps, en heure et en qualité ». Une allusion aux problèmes de Boeing, qui tarde à livrer certains appareils, dont ses B737.

D'après *Les Échos*, 12 janvier 1999.

---

* Exulter : être transporté de joie.

Questions

Document 1

▶ **1.** Relever trois indicateurs où l'Union européenne domine les autres puissances. *(3 points)*

Documents 1 et 2

▶ **2.** Quels éléments permettent de dire que l'Union européenne est intégrée dans l'économie mondiale ? *(2 points)*

Document 3

▶ **3.** Montrer qu'Airbus remporte une victoire face à Boeing, alors que l'entreprise n'est que deuxième constructeur mondial. *(3 points)*

Paragraphe argumenté *(10 points)*

▶ **4.** À partir des informations tirées des documents et en vous aidant de vos connaissances, vous rédigerez un paragraphe argumenté d'une vingtaine de lignes, où vous montrerez que l'Union européenne est une puissance économique mondiale.

42 GRÈCE, TUNISIE
JUIN 2000 • SÉRIE COLLÈGE • GÉOGRAPHIE

L'élargissement de l'Union européenne.

Documents d'accompagnement

Document 1 L'Estonie veut intégrer l'UE

Que peut apporte l'Estonie à l'Europe ? Son expérience commerciale avec le Grand Est et son réseau ferroviaire qui s'étend jusqu'à la Chine. Nous sommes des Européens, mais nous savons aussi ce qu'est l'Est. [...] Le million et demi de consommateurs estoniens, dont 800 000 salariés gagnant en moyenne 4500 couronnes estoniennes (1 800 francs par mois), ne présente pas beaucoup d'intérêt pour les grandes entreprises européennes. Mais une Estonie et des pays baltes en paix sont d'un grand intérêt pour l'Europe [...]

Le port de Tallinn, l'équivalent pour les Russes de ce qu'est Rotterdam pour les Allemands, peut aussi présenter un intérêt pour l'Europe. De plus, l'Estonien moyen parle quatre langues : l'estonien, l'anglais, le russe et le finnois, qui sont toutes des langues d'affaires officielles à Tallinn.

Paavo Kangur, éditorialiste d'*Esti Express*, journal estonien, paru dans le *Courrier international*, n° 449, juin 1999.

Document 2 Les enjeux géographiques de l'élargissement

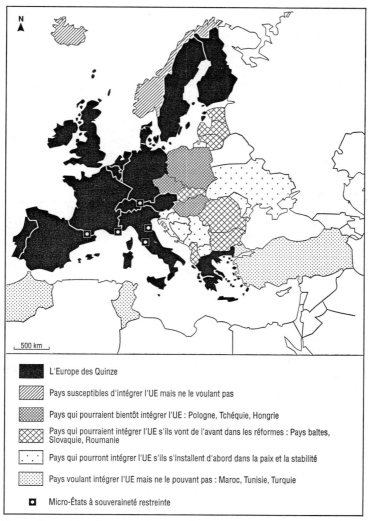

Source : Jacques Lévy, *Europe, une géographie*, Éditions Hachette Supérieur, 1997.

Document 3 — Europe, un géant émerge

Le lancement de l'euro dans 11 des 15 membres constitue une étape de plus dans l'émergence de l'Europe comme puissance politique.

1999 a également vu l'Union prendre enfin conscience de la nécessité de s'organiser mieux en matière de justice et de sécurité publique pour garantir son espace de liberté. Le 1er juillet, le nouvel organisme de coopération des polices européennes, Europol, qui coordonnera la lutte contre la grande criminalité transfrontalière, a pu enfin entrer en action depuis son siège de La Haye. [...] Toutes ces avancées posent le problème de l'efficacité de l'exécutif européen et de son contrôle démocratique, surtout dans la perspective des prochains élargissements qui verront l'Europe intégrer des pays avec des expériences historiques et politiques très différentes.

D'après *Le Monde, Dossiers et Documents*, n° 283, janvier 2000.

Questions

Document 1

▶ **1.** L'Estonie est candidate pour intégrer l'Union européenne : que peut-elle apporter à l'Union selon le journaliste estonien ?

Document 2

▶ **2.** Quelles sont les conditions exigées pour intégrer l'Union européenne ?
Citez deux des quatre pays qui pourront intégrer l'Union.

Documents 1 et 3

▶ **3.** Pourquoi y a-t-il autant de candidats pour intégrer l'Union européenne ?

Paragraphe argumenté

▶ **4.** À partir des informations tirées des documents et en vous aidant de vos connaissances personnelles, vous rédigerez un paragraphe d'une vingtaine de lignes montrant l'élargissement de l'Union européenne.

4 La France

A. La IVe et la Ve République

43 CLERMONT-FERRAND
JUIN 2000 • SÉRIES COLLÈGE ET TECHNOLOGIQUE
HISTOIRE

Les transformations économiques et sociales de la France de 1945 à 1975.

Documents d'accompagnement

Document 1 Quelques données statistiques sur l'évolution de la France de 1946 à 1975

	1946	1975
Population totale (millions)	40,5	52,6
Mortalité infantile, pour 1 000 nés vivants	84,4	13,8
Nombre d'adolescents de plus de 14 ans, poursuivant des études (milliers)	650	4 000
Répartition de la population active (%)		
Primaire (agriculture et pêche)	36	10,0
Secondaire (industrie et bâtiment)	32	38,6
Tertiaire (autres travaux)	32	51,4
Durée annuelle moyenne du travail (heures)	2 100	1 875
Nombre de voitures particulières en circulation (milliers)	1 000	15 300

Source : INSEE

Document 2 La France en 1964

... La France actuelle est à des années-lumière de ce qu'elle était à la fin des années 1940 et au début des années 1950, au temps où on l'appelait « l'homme malade de l'Europe » et où se succédaient des gouvernements chancelants frôlant la faillite... La vieille terre fertile des Gaulois se transforme rapidement en une puissante nation industrialisée.

Les bases de ce redressement économique d'après guerre ont été posées en 1946 lorsque la IVe République a établi un plan de *priorités nationales*.

Pendant l'exécution du premier plan, dirigée par Jean Monnet, les efforts ont été concentrés sur des secteurs-clés comme l'acier et le charbon pour remettre l'industrie sur pied, le ciment pour les usines et les habitations, les machines agricoles pour les terres négligées, l'électricité en tant qu'énergie pour le développement de l'économie. En 1953, et avec l'aide du plan Marshall, la production industrielle avait augmenté de 71 %, la production agricole de 21 % et le niveau de vie de 30 %. Cinq années plus tard, la production industrielle avait encore augmenté de moitié...

« Retour à la grandeur », article du *Newsweek*, 10/02/1964.

Questions

Documents 1 et 2

▶ **1.** Quelles sont les transformations de la France pendant cette période, dans le domaine démographique ? Dans le domaine économique ?

▶ **2.** Quelles sont les explications à ces transformations ? Comment appelle-t-on cette période ?

Paragraphe argumenté

▶ **3.** Dans un paragraphe argumenté d'une vingtaine de lignes, à partir de vos connaissances et des réponses aux questions précédentes, vous montrerez les principales évolutions économiques et sociales de la France de 1945 à 1975.

La France depuis 1945 : les transformations de la société.

Documents d'accompagnement

Document 1 — La vie dans les villages du sud-ouest du Massif central en 1959

Très peu de cuisinières...
L'électricité est dans toutes les maisons, mais l'installation est assez rudimentaire... Une ampoule unique et de puissance insuffisante éclaire la grande cuisine...
La soupe de campagne, aux multiples légumes, qui bout à l'âtre[1] toute la matinée, est l'alimentation de base... La femme n'achète de viande de boucherie que le dimanche... Le repas du soir laisse beaucoup à désirer ; une assiette de soupe, une cuillerée de confiture, quelques noix, telle est une des compositions les plus fréquentes.
La femme tout comme l'homme lit peu.
Les voyages organisés, les excursions, les sorties n'ont guère de succès. Former un car pour une visite touristique est très difficile. La population quitte très peu la commune. Certaine femme, mère de famille, encore jeune, n'a jamais pris le train. Villefranche-de-Rouergue est proche : dix-neuf kilomètres. Il n'y a guère qu'une famille qui s'y rend le dimanche, de temps en temps, pour voir un film.

Rapport daté de 1959 et décrivant la situation des villages au sud-ouest du Massif central

---

1. L'âtre : le foyer de la cheminée.

Document 2 — Évolution des parts respectives des populations rurales et urbaines en France

Urbains et ruraux (en millions et en pourcentage)

Années	Population urbaine		Population rurale	
1931	21,00 M	50,80 %	20,40 M	49,20 %
1954	23,90 M	56,00 %	18,80 M	44,00 %
1975	36,80 M	68,70 %	6,80 M	31,30 %
1982	38,10 M	69,00 %	17,10 M	31,00 %
1990	41,40 M	75,00 %	15,30 M	25,00 %

Dominique Borne, *Histoire de la société française depuis 1945*, A. Colin.

Document 3 — Évolution du taux d'équipement des ménages français en biens durables (1960-1997)

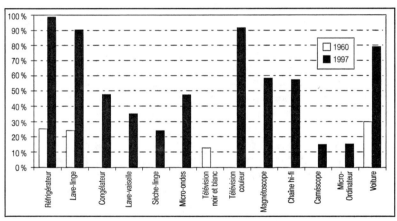

Données INSEE.

Questions

Document 1

▶ **1.** À quoi voit-on que les conditions de vie sont très simples en 1959 ?
(2 points)

Document 2

▶ **2.** Quelle est l'évolution de la population urbaine et rurale entre 1931 et 1990 ? *(3 points)*

Documents 1 et 3

▶ **3.** Quelle conclusion tirez-vous de l'étude comparée des documents 1 et 3 ? *(3 points)*

Paragraphe argumenté *(10 points)*

▶ **4.** À l'aide des documents, de vos réponses aux questions et de vos connaissances, rédigez un paragraphe argumenté d'une vingtaine de lignes sur le sujet suivant : « Quelles sont les transformations de la société depuis 1945 ? »

B. L'économie française

45 — POITIERS
JUIN 2000 • SÉRIE COLLÈGE • GÉOGRAPHIE

L'agriculture française : mutations et difficultés face à la mondialisation.

Documents d'accompagnement

Document 1

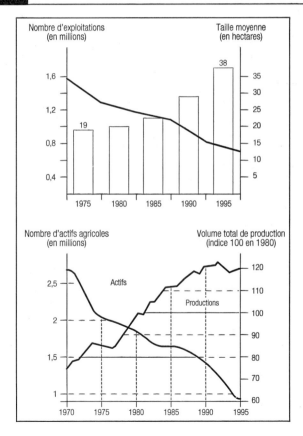

Document 2 Restaurant McDonald's, à Cavaillon, le 25 août 1999

Document 3 McDo achète ses produits en France

« Né aux USA, fait en France » formule magique pour faire taire la critique, celle des agriculteurs qui s'en prennent aux établissements de McDonald's France, symbole, selon eux, de l'impérialisme américain et d'une certaine dérive alimentaire. McDo n'en a pas moins choisi une riposte simple, mais évidente : la quasi-totalité de ses achats sont effectués en France et contribuent à soutenir l'agriculture française.

Du bœuf, des pommes de terre, de la salade et du pain, pour chacun des quatre produits de base des hamburgers, McDo dispose d'un unique fournisseur dont il est le principal client. 90 % de leurs steaks viennent de France, 100 % de la farine de blé, 85 % des pommes de terre proviennent de l'Hexagone. quant aux salades, elles sont cultivées

LA FRANCE | 153

en France. Ces pourcentages permettent à McDo de claironner qu'elle est une entreprise française.

Pour autant, la Confédération paysanne campe toujours sur ses positions : « Nous ne contestons pas la qualité des produits vendus. Nous contestons la standardisation des cultures. Que McDo utilise des produits français ne change rien à l'affaire et nous ne regrettons pas les actions qui ont été commises. »

Renaud Czarnes, *Les Dossiers de l'actualité n° 18*, octobre 1999.

Questions

Document 1

▶ **1.** Retrouver quatre caractères essentiels des mutations récentes de l'agriculture française apparaissant à travers ces graphiques ? *(4 points)*

Documents 1 et 2

▶ **2.** Par quel moyen les producteurs agricoles ont-ils manifesté à Cavaillon en août 1999 ? *(1 point)*
Quel élément figuré sur le document 1 peut en partie expliquer leur colère ? *(1 point)*

Documents 2 et 3

▶ **3.** Pourquoi les agriculteurs français s'en sont-ils pris aux établissements McDonald's ? *(1 point)*
D'après cet article, par quels arguments la firme américaine répond-elle ? *(1 point)*

Paragraphe argumenté *(10 points)*

▶ **4.** À partir des documents fournis et de vos connaissances, rédigez un paragraphe argumenté d'une vingtaine de lignes, dans lequel vous traiterez : « L'agriculture française : mutations et difficultés face à la mondialisation ».

Les mutations de l'agriculture française.

Documents d'accompagnement

Document 1 — Trois générations d'agriculteurs

De retour d'un séjour au Canada, le 1er novembre 1997, Christelle Rouillard s'est installée dans la Sarthe. Elle avait 25 ans. À la fin de ses études au lycée agricole, avant de partir au Canada, elle avait décidé de prouver qu'elle était capable de mener seule une exploitation importante.

Sa grand-mère, Simone, aujourd'hui 75 ans, était déjà à la tête d'une exploitation. Et elle a l'impression d'avoir vécu deux vies. « Au début de notre mariage, nous avions une quinzaine d'hectares, 10 vaches normandes qui donnaient 15 à 20 litres de lait par jour et pas 40 comme maintenant. On faisait des veaux, des céréales, des betteraves fourragères ; nous avions une basse-cour et des lapins, un potager. Quand on a eu l'électricité au début des années 1950 et l'eau sous pression[1], comme on disait, on a été drôlement content. Avant, il fallait prendre l'eau au puits et laver le linge au lavoir. J'ai eu ma trayeuse vers 1960. Quand on a quitté la ferme, vers 65 ans, la ferme faisait 40 hectares. Et pour la première fois, nous sommes partis en vacances. Je n'avais jamais vu la montagne. »

C'est cette exploitation que Christelle a reprise. Christelle s'est ensuite associée en GAEC[2] avec ses parents. Elle a aujourd'hui une exploitation de 170 hectares, 80 vaches et 605 000 litres de quotas laitiers.

D'après un article de **Christine Brulé**, *Ouest-France*, 5 décembre 1999.

---

1. Eau sous pression : eau courante. 2. GAEC : groupement agricole d'exploitation en commun.

Document 2 — Évolution de l'agriculture française entre 1950 et 1995

	1950	1995
Population active agricole	5 500 000	900 000
Superficie moyenne des exploitations (ha)	17	40
Blé : rendement à l'hectare (quintaux)	22	67
Tomates : rendement à l'hectare (quintaux)	170	740
Production de lait par vache, par an (litres)	1 900	5 300
Un agriculteur peut nourrir	6 personnes	40 personnes

Document 3 — Difficultés de l'agriculture française

Depuis le développement de la maladie dite de la « vache folle », venue d'Angleterre en France au début des années 1990, on sait que le productivisme à tout crin[1] ne garantit même pas la qualité sanitaire des aliments.

Les marchés mondiaux étant saturés (Amérique du Nord) ou bien non solvables[2] (Afrique), l'Union européenne a dû se résoudre à imposer des quotas de production (lait) et des mises en jachère contre indemnités. Avec près de 1,5 million d'hectares, la France est le pays qui a mis la plus grande surface d'Europe en jachère (1/3 des jachères de l'Union européenne en 1993).

Jean-Robert Pitte, *La France*, Nathan, 1997.

1. Productivisme à tout crin : désir de produire beaucoup à tout prix.
2. Solvable : qui a de quoi payer.

Questions *(8 points)*

Document 1

▶ **1.** Montrez les améliorations du mode de vie des membres de la famille.

Documents 1 et 2

▶ **2.** Relevez, d'une part, les transformations concernant la population agricole, d'autre part, les transformations concernant les productions agricoles.

Document 3

▶ **3.** Citez des problèmes des agriculteurs.

Paragraphe argumenté *(10 points)*

▶ **4.** Rédigez un paragraphe argumenté d'une vingtaine de lignes répondant au sujet : « Les mutations de l'agriculture française ».

GRENOBLE
JUIN 2000 • SÉRIE COLLÈGE • GÉOGRAPHIE

Les mutations récentes de l'industrie française.

Documents d'accompagnement

Document 1

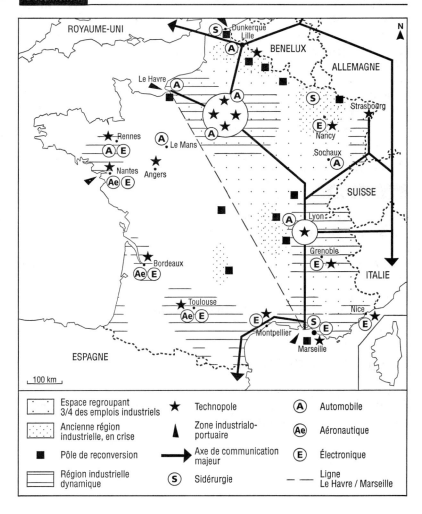

> **Document 2** Des localisations nouvelles

Les facteurs de localisation ont changé. Les ressources du sous-sol ne sont presque plus extraites. La consommation d'énergie a diminué. Les canaux et les voies ferrées ne sont plus guère utilisés pour l'acheminement des matières premières ; la proximité d'un nœud de communication, d'une autoroute ou d'un aéroport comptent beaucoup plus aujourd'hui.

Le facteur main-d'œuvre est devenu essentiel ; les travailleurs peu qualifiés sont de moins en moins employés tandis que les besoins en cadres, ingénieurs et techniciens ne cessent de croître. De nombreuses entreprises doivent aujourd'hui avoir des liens avec des universités et des centres de recherche. Les agréments offerts par la région constituent des éléments importants pour attirer la main-d'œuvre.

D. Noin, *Le Nouvel Espace français*, 1998.

Questions *(8 points)*

Documents 1 et 2

▶ **1.** À partir de la carte, localisez et nommez les anciennes régions industrielles en crise, puis relevez dans le document 2 les causes données à leur situation de crise.
▶ **2.** À partir de la carte, localisez et nommez les régions industrielles dynamiques, puis relevez dans le document 2 les causes données par leur dynamisme.
▶ **3.** Malgré ces mutations, quelle partie de la France restera plus industrialisée ?

Paragraphe argumenté *(10 points)*

▶ **4.** À l'aide des deux documents et de vos connaissances, rédigez un paragraphe d'une vingtaine de lignes décrivant les mutations récentes qu'a connues l'industrie française.

ASIE
JUIN 2000 • GÉOGRAPHIE

Quel est le rôle des activités tertiaires dans l'organisation du territoire français ?

Documents d'accompagnement

Document 1 — Carte de l'espace touristique français métropolitain

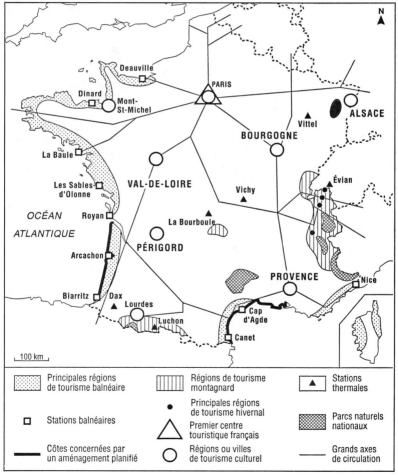

Document 2 — Carte des grands axes de communication

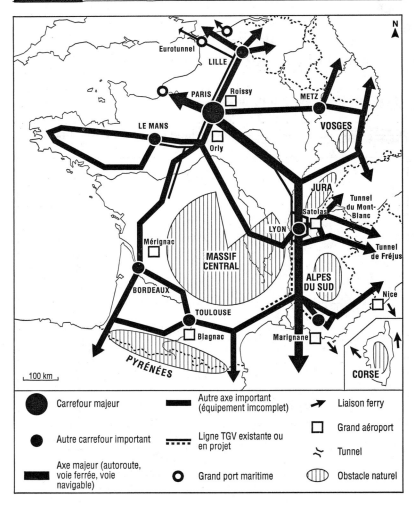

Document 3 — Carte de la proportion des actifs ayant un emploi dans le tertiaire par département en 1990

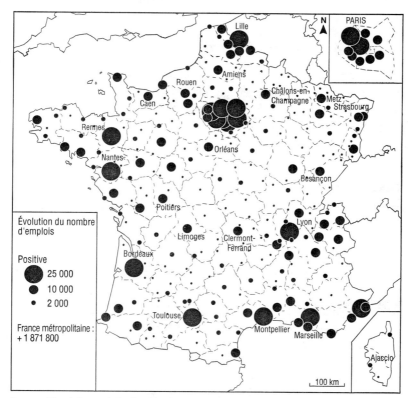

Source : *Atlas de la population française*, Insee-DATAR, 1995.

Questions

Document 1

▶ **1.** Quels sont les atouts touristiques de l'espace français ? *(3 points)*

Document 2

▶ **2.** Quels sont les points forts et les points faibles du réseau de transport français ? *(2 points)*

Documents 3, 1 et 2

▶ **3.** Quelle est la répartition des activités tertiaires sur le territoire français ? *(3 points)*

Paragraphe argumenté *(10 points)*

▶ **4.** Avec l'aide des documents, des réponses aux questions et de vos connaissances, rédigez un paragraphe argumenté d'une vingtaine de lignes sur le sujet suivant : « Quel est le rôle des activités tertiaires dans l'organisation du territoire français ? »

49 RÉUNION, MADAGASCAR
JUIN 2000 • GÉOGRAPHIE

Le tourisme en France.

Documents d'accompagnement

Document 1 Les grands pays touristiques mondiaux

Source : OMT.

Document 2   L'importance du tourisme international en France

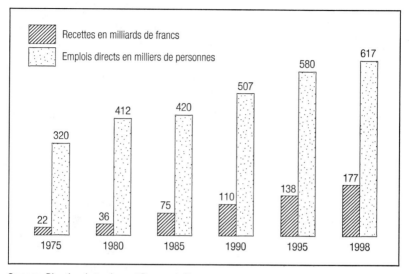

Sources : Direction du tourisme et Banque de France.

Document 3 — L'espace touristique français métropolitain

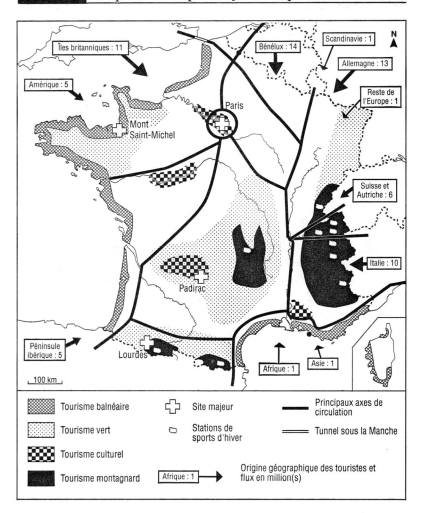

Questions

Documents 1, 2 et 3

▶ **1.** Présentez ces trois documents (nature, sujet). *(2 points)*
▶ **2.** Quelle est la place de la France dans le tourisme mondial ? *(2 points)*

Document 2

▶ **3.** Comparez la situation en 1975 et en 1998. Que peut-on en déduire sur le rôle économique et social du tourisme en France ? *(2 points)*

Document 3

▶ **4. a)** D'où viennent essentiellement les touristes étrangers ? *(2 points)*
b) Quels éléments, sur cette carte, permettent de comprendre la place occupée par la France dans le tourisme mondial ?

Rédaction d'un paragraphe argumenté *(10 pts)*

▶ **5.** À l'aide des documents et de vos connaissances, vous montrerez, en un paragraphe argumenté d'une vingtaine de lignes, quels sont les atouts touristiques de la France, quelles régions françaises bénéficient particulièrement de cette activité ; quels en sont les avantages et les inconvénients.

Le tourisme : une activité importante participant à la puissance de la France.

Documents d'accompagnement

Document 1 Les espaces touristiques français

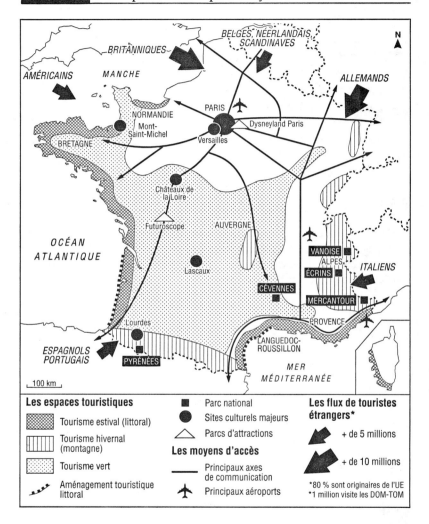

Document 2 — Le tourisme en France en 1998

Entrées de touristes étrangers	70 millions, soit 11 % du total mondial, 1er rang mondial
Capacité d'accueil	20 millions de lits
Emplois permanents et saisonniers	2 millions, soit 8 % de la population active française
Création d'emplois	12 000
Dépenses des touristes	600 milliards de francs auprès des entreprises du secteur touristique, soit 7,3 % du PIB
Apport en devises étrangères	165 milliards de francs
Balance touristique	171 milliards de francs (soit la moitié de la facture énergétique de la France)
Premier site visité	Disneyland Paris

Document 3 — Le développement d'une firme multinationale française du tourisme

ACCOR a consolidé sa place de premier opérateur[1] mondial. [Dans l'hôtellerie], il est passé au 3e rang, avec un total de 3 170 hôtels et 348 515 chambres. Avec l'acquisition de Red Roof Inns aux États-Unis, ACCOR a renforcé sa position mondiale unique dans l'hôtellerie économique. [...] La croissance de ce secteur sera durable en Europe et dans les pays émergents[2] grâce à la démocratisation des transports aériens, à l'augmentation du pouvoir d'achat et à la mondialisation.

Extrait de la *Lettre aux actionnaires*, octobre 1999, site Internet d'Accor.

---

1. Opérateur ou tour-opérateur : entreprise qui conçoit et vend des voyages organisés.
2. Pays émergents : nouveaux pays industriels d'Asie et d'Amérique.

Questions *(8 points)*

Document 1

▶ **1.** Quels atouts géographiques et culturels attirent les touristes en France ?

Document 2

▶ **2.** Montrer que le tourisme est une activité importante en France.

Documents 1, 2 et 3

▶ **3.** Montrer comment la mondialisation se manifeste dans les activités touristiques en France.

Paragraphe argumenté *(10 points)*

▶ **4.** Rédiger un paragraphe argumenté d'une vingtaine de lignes répondant au sujet : « Le tourisme : une activité importante participant à la puissance de la France ».

Éducation civique

1 Le citoyen, la République, la démocratie

51 POLYNÉSIE
JUIN 2000 • SÉRIE COLLÈGE

La citoyenneté.

Documents d'accompagnement

Document 1 La Déclaration des droits de l'homme et du citoyen 26 août 1789 (extraits)

Art. 1 – Les hommes naissent et demeurent libres et égaux en droit. Les distinctions sociales ne peuvent être fondées que sur l'utilité commune.

Art. 3 – Le principe de toute souveraineté réside essentiellement dans la Nation.

Art. 4 – La liberté consiste à pouvoir faire tout ce qui ne nuit pas à autrui.

Art. 6 – (...) Tous les citoyens, égaux aux yeux de la loi, sont également admissibles à toutes dignités, places et emplois publics, selon leur capacité, et sans autre distinction que celle de leurs vertus et de leurs talents.

Art. 11 – La libre communication de pensées et des opinions est un des droits les plus précieux de l'homme, tout citoyen peut donc parler, écrire, imprimer librement, sauf à répondre de l'abus de cette liberté, dans les cas déterminés par la loi.

Art. 17 – La propriété étant un droit inviolable et sacré, nul ne peut en être privé, si ce n'est lorsque la nécessité publique, légalement constatée, l'exige.

Document 2   Traité sur l'Union européenne 1992 (extraits)

    Art. 8-1 – Il est institué une citoyenneté de l'Union. Est citoyen de l'Union toute personne ayant la nationalité d'un Etat membre.
    Art. 8-2 – Les citoyens de l'Union jouissent des droits et sont soumis aux devoirs prévus par le présent traité.
    Art. 8 B-1 – Tout citoyen de l'Union résidant dans un état membre dont il n'est pas ressortissant a le droit de vote et d'éligibilité aux élections municipales dans l'état membre où il réside.
    Art. 8 C-1 – Tout citoyen de l'Union bénéficie, sur le territoire d'un pays tiers où l'État membre dont il est ressortissant n'est pas représenté, de la protection de la part des autorités diplomatiques.

Document 3   Pays d'outre-mer : le projet du gouvernement polynésien

    Un des éléments essentiels de la révision constitutionnelle concerne la création d'une citoyenneté polynésienne. La reconnaissance de cette citoyenneté est définie à l'article 4-1 du projet de loi organique. Trois critères alternatifs (et non cumulatifs) sont proposés : le lieu de naissance, la filiation et une durée de séjour. Il appartiendra à la loi du pays de préciser cette durée qui, en tout état de cause, ne pourra être supérieure à dix ans.
    Cette citoyenneté conférera deux types de droit : la protection de l'emploi salarié ou non et l'accession à la propriété foncière. Ce sont les lois du pays qui devront mettre en œuvre ces nouveaux droits.

D'après *La Dépêche*, n° 10.104, 4 septembre 1999.

Questions

Document 1

▶ **1.** De quel siècle date le document ? *(0,25 point)*
▶ **2.** Quels sont les trois principaux droits de l'homme présentés dans ce texte ? *(0,75 point)*

Document 2

▶ **3.** D'après le document, quelle est la condition pour être « citoyen de l'Union européenne » ? *(0,5 point)*
▶ **4.** Quels sont les deux mots essentiels de l'article 8-2 ? *(0,5 point)*

Document 3

▶ **5.** Quelle est l'idée principale du document ? *(0,5 point)*
▶ **6.** Dans le deuxième paragraphe, deux droits sont énoncés. Cite-les et mets-les en relation avec deux articles du document 1. *(1,5 points)*

Paragraphe argumenté *(8 points)*

▶ **7.** À partir des données recueillies dans les documents et d'exemples pris dans ta vie de tous les jours, rédige un texte argumenté d'une quinzaine de lignes où tu montreras qu'être citoyen c'est toujours appartenir à une communauté se définissant par des droits et des devoirs.

---

52 LIMOGES
JUIN 2000 • SÉRIE TECHNOLOGIQUE

Quelques aspects de la citoyenneté.

Documents d'accompagnement

Document 1

Être libre, c'est se gouverner soi-même. Consentir à la règle qu'on se donne n'a rien d'humiliant. Si tu fais la loi, il est normal que tu lui obéisses. Sinon, tu ne te respectes plus toi-même. Ça s'appelle le civisme. [...]
Instinctivement, je pense : « Que les gendarmes contrôlent la vitesse des autres, je m'en fiche, pourvu qu'ils ne m'attrapent pas moi ». Le problème c'est que si tout le monde se fiait ainsi à son premier mouvement, il y aurait deux fois plus de morts sur les routes. Et si tout le monde s'arrangeait pour ne pas payer d'impôts, il n'y aurait plus de gendarmes du tout, ni de lycées, ni d'hôpitaux, ni d'éboueurs, ni d'éclairage public, parce qu'il faut de l'argent à l'État ou à la ville pour entretenir tous ces services. [...] Un vrai républicain, en somme, c'est quelqu'un qui s'arrête au feu rouge, dans une campagne déserte, à 3 heures du matin, sans une seule voiture en vue.

Régis Debray, *La République expliquée à ma fille*, éd. du Seuil, 1998.

Document 2

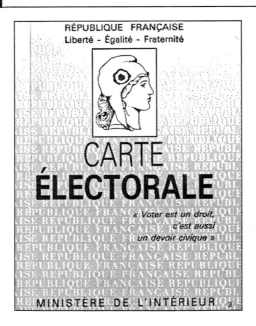

Document 3 Extraits de l'article 8 du traité de Maastricht, 1992

Article 8. 1. Il est institué une citoyenneté de l'Union. Est citoyen de l'Union toute personne ayant la nationalité d'un État membre.
2. Les citoyens de l'Union jouissent des droits et sont soumis à des devoirs prévus dans le présent traité. (...)
Article 8 B. 1. Tout citoyen de l'Union résidant dans un État membre dont il n'est pas ressortissant a le droit de vote et d'éligibilité aux élections municipales dans l'État membre où il réside, dans les mêmes conditions que les ressortissants de cet État.
2. Tout citoyen de l'Union résidant dans un État membre dont il n'est pas ressortissant a le droit de vote et d'éligibilité aux élections du Parlement européen dans l'État membre où il réside, dans les mêmes conditions que les ressortissants de cet État

Questions

Document 1

▶ **1.** Pourquoi est-il normal d'obéir à la loi ? Définir le mot « civisme » d'après le texte.
Relever dans le document des exemples de devoirs du citoyen.

Document 2

▶ **2.** D'après le document, quel doit être le comportement d'un citoyen ?

Document 3

▶ **3.** À quelles élections le citoyen européen qui réside dans un État membre de l'Union européenne dont il n'est pas ressortissant peut-il participer ?

Paragraphe argumenté *(8 points)*

▶ **4.** Dans un paragraphe argumenté d'une quinzaine de lignes, préciser quels sont les droits et obligations du citoyen évoqués dans les documents et montrer comment est en train de se construire une citoyenneté européenne.

---

53 AMIENS, CRÉTEIL, LILLE, PARIS, ROUEN, VERSAILLES
JUIN 2000 • SÉRIES COLLÈGE ET TECHNOLOGIQUE

La citoyenneté européenne.

Documents d'accompagnement

Document 1

Le dimanche 24 octobre 1999, vous élisez dans votre commune le conseil municipal de la ville de Karlsruhe en Allemagne. Dispose du droit de vote toute personne qui :
– détient la nationalité d'un pays membre de l'Union européenne ;
– est au moins âgée de 18 ans le jour des élections ;
– habite depuis au moins trois mois dans la commune.

La durée pendant laquelle un citoyen de l'Union européenne habite déjà en Allemagne est sans importance : donc un Italien qui habite en Allemagne depuis 1956 peut voter aussi bien qu'une Suédoise qui est arrivée en Allemagne trois mois avant les élections.

Extrait d'une brochure éditée par la ville de Karlsruhe à l'intention des citoyens et des citoyennes de l'Union européenne, 1999.

Document 2

Cette année, le collège participe à un échange avec la Grèce organisé par l'Union européenne (projet « Lingua Socrates »). Pour se rendre en Grèce, les formalités sont simples pour les collégiens français. Ils doivent être munis d'une carte nationale d'identité et d'une autorisation de sortie du territoire obtenues toutes deux gratuitement.
Tarik est un élève de nationalité marocaine. Il souhaite participer à ce voyage. Il doit disposer d'un passeport. Son père est prié de se rendre au consulat de Grèce à Paris pour obtenir un visa* (coût : 300 francs). Le délai pour l'obtention du visa est assez long. Plusieurs semaines sont nécessaires. Sera-t-il possible de réunir tous les papiers avant le départ ?

Extrait du journal d'un collège de l'Oise, 1997.

* Visa : autorisation exigée en plus du passeport pour entrer dans certains pays.

Document 3

Article 8
1. Il est institué une citoyenneté de l'Union. Est citoyen de l'Union toute personne, ayant la nationalité d'un État membre.
Article 8 A
1. Tout citoyen de l'Union a le droit de circuler librement et de séjourner librement sur le territoire des États membres, sous réserve des limitations et conditions prévues par le présent traité et par les dispositions prises pour son application. [...]

Article 8 B
1. Tout citoyen de l'Union résidant dans un État membre [...] a le droit de vote et d'éligibilité* aux élections municipales dans l'État membre où il réside. [...]
2. [...] Tout citoyen de l'Union résidant dans un État membre [...] a le droit de vote et d'éligibilité aux élections du Parlement européen dans l'État membre où il réside. [...]

Extrait du traité de Maastricht, février 1992.

---

* Éligibilité : possibilité d'être élu.

Questions *(4 points)*

Documents 1 et 3

▶ **1.** Pourquoi une Suédoise résidant en Allemagne depuis trois mois a-t-elle le droit de voter aux élections municipales de Karlsruhe ?
▶ **2.** D'après l'article 8 B du traité de Maastricht, de quelles autres façons peut-elle aussi participer à la vie politique ? *(2,5 points)*

Documents 2 et 3

▶ **3.** Pourquoi l'article 8 A du traité de Maastricht ne peut-il pas s'appliquer à Tarik ?
▶ **4.** Cependant, de quel avantage européen Tarik profite-t-il ? *(1 point)*

Document 3

▶ **5.** Quelle est la condition à remplir pour être citoyen européen ? *(0,5 point)*

Paragraphe argumenté *(8 points)*

▶ **6.** En vous appuyant sur les éléments fournis par les documents et sur des exemples de votre choix, vous rédigerez un paragraphe argumenté d'une quinzaine de lignes montrant ce qu'apporte la citoyenneté européenne aux habitants de l'Union européenne.

CENTRES ÉTRANGERS
GROUPE EST • SESSION 2000

La citoyenneté de l'Union européenne.

Documents d'accompagnement

Document 1 Élections européennes : abstentions record !

Dimanche dernier, en France comme dans d'autres pays européens, les élections des députés au Parlement européen [ont eu lieu]... Près de 54 % des 40 millions d'électeurs français n'ont pas voté. Dans d'autres pays, l'abstention a été plus importante, atteignant 55 % en Allemagne, plus de 60 % au Portugal et en Suède et 75 % en Grande-Bretagne ! Pour de nombreux analystes, cette attitude témoigne non pas du désintérêt pour l'Europe, mais plutôt pour la façon dont l'Europe politique est actuellement gérée.

Les Clés de l'Actualité, 17-23 juin 1999.

Document 2 Si on n'est pas d'accord avec les décisions de l'Europe, que peut-on faire ?

Dire que vous n'êtes pas d'accord !... Ne vous contentez pas de voter tous les cinq ans. Vous pouvez vous adresser au Parlement européen si vous pensez que quelque chose ne marche pas. Les députés sont élus pour veiller aux intérêts de tout le monde. Si vous n'êtes pas d'accord avec leurs décisions, eh bien plaignez-vous ! Vous pouvez écrire au Parlement, faire des pétitions. Le Parlement a nommé aussi un médiateur, c'est-à-dire une personne qui est chargée de recueillir les plaintes des citoyens...

La leçon de **José Maria Gil-Roblès***, *Okapi*, 5 juin 1999.

---

* José Maria Gil-Roblès a été président du Parlement européen de janvier 1997 à juin 1999,

Document 3 Extrait du traité sur l'Union européenne (traité de Maastricht)

Article 8
Il est institué une citoyenneté de l'Union.
Est citoyen de l'Union toute personne ayant la nationalité d'un État membre.

Questions

Document 1

▶ **1.** Quel problème est apparu lors des dernières élections européennes ? *(1 point)*

Document 2

▶ **2.** Quel est le rôle des députés européens ? *(1 point)*
▶ **3.** À quoi sert le médiateur de l'Union européenne ? *(1 point)*

Document 3

▶ **4.** Comment devient-on citoyen de l'Union européenne ? *(1 point)*

Paragraphe argumenté *(8 points)*

▶ **5.** À partir des informations fournies par les documents et à l'aide de vos connaissances, rédiger un paragraphe argumenté d'une quinzaine de lignes, où vous montrerez que l'Europe concerne tous les citoyens.

La Nation et les valeurs de la République en France.

Documents d'accompagnement

Document 1 — L'équipe de France de football, championne du monde, en maillot tricolore

Dessin de Plantu, *L'Express*, juillet 1998.

Document 2 — La Nation selon E. Renan (écrivain et historien français du XIXe siècle)

Une nation est une âme. Deux choses la constituent.[...] L'une est dans le passé, l'autre dans le présent. L'une est la possession en commun d'un riche legs* de souvenirs ; l'autre est le consentement actuel, le désir de vivre ensemble, la volonté de continuer à faire valoir l'héritage qu'on a reçu.[...]

La nation est l'aboutissement d'un long passé d'efforts, de sacrifices, de dévouements.[...] Avoir fait ensemble de grandes choses, vouloir en faire encore : voilà les conditions pour être un peuple.

Ernest Renan, *Discours et conférences*, 1882.

* Un legs : un héritage.

Document 3 Extrait de la Constitution de la Ve République

Préambule [...]
Titre premier : De la souveraineté
Article 2. La langue de la République est le français.
L'emblème national est le drapeau tricolore, bleu, blanc, rouge.
L'hymne national est « La Marseillaise ».
La devise de la République est « Liberté, Égalité, Fraternité ». Son principe est : gouvernement du peuple pour le peuple et par le peuple.

Questions

Document 1

▶ **1.** Montrez les ressemblances et les différences existant entre les personnages du document 1.
▶ **2.** Dites ce que le dessinateur Plantu a voulu exprimer par ce dessin. *(1 point)*

Documents 1 et 2

▶ **3.** Quelle est la phrase dans le document 2 que le document 1 illustre le mieux ? *(1 point)*
▶ **4.** Relevez dans le document 1 deux symboles de la République.
▶ **5.** À quoi correspondent-ils dans le texte de la Constitution (document 2) ? *(2 points)*

Paragraphe argumenté

▶ **6.** En vous appuyant sur les informations tirées des documents et sur des exemples de votre choix, rédigez un paragraphe argumenté d'une quinzaine de lignes montrant que la nation repose sur des valeurs partagées.

BESANÇON, DIJON, LYON, NANCY-METZ,
REIMS, STRASBOURG • JUIN 2000
SÉRIES COLLÈGE ET TECHNOLOGIQUE

Symboles et valeurs de la République dans la vie des Français.

Documents d'accompagnement

Document 1 — Extrait de l'article 2 de la Constitution de la Ve République

La langue de la République est le français.
L'emblème national est le drapeau tricolore, bleu, blanc, rouge.
L'hymne national est « La Marseillaise ».
La devise de la République est « Liberté, Égalité, Fraternité ».

Document 2 — Coupe du monde de football, 1998

Trois champions de l'équipe de France : Karembeu et Petit entourent Zidane, après le premier but de la finale France-Brésil.

Document 3 — *La Marseillaise* chantée dans les camps de concentration en 1942-1943

Un matin à l'entrée du camp paraissent [...] trois cents nouvelles venues. De quel pays arrivent-elles ? Nous guettons attentives. Soudain notre respiration s'arrête, nos poings se serrent, nos yeux brillent, au milieu de notre camp de mort s'élève *La Marseillaise* : « Allons, enfants de la patrie ! »
Pour la première fois depuis longtemps nous respirons profondément avec un goût de liberté [...]. Dans ma tête [...] je vois l'armée des partisans, des combattants. Et je me rends compte subitement que le monde ne finira pas avec les barbelés de notre camp... La vie et le monde existent. La lutte, la souffrance, l'espérance subsistent...

D'après **Manca Svalboda**, *La Plus Émouvante Histoire des camps de la mort*, éd. Les lettres françaises, 4 avril 1947.

Questions *(4 points)*

Documents 1 et 2

▶ **1.** Comment la photographie du document 2 peut-elle illustrer la devise républicaine ?

Documents 1 et 3

▶ **2.** Quel symbole de la République les femmes françaises ont-elles utilisé comme signe de résistance, à leur arrivée au camp ?

Document 3

▶ **3.** Quelles valeurs de la République défendent-elles ainsi ? *(4 points)*

Paragraphe argumenté *(8 points)*

▶ **4.** À partir des informations fournies par les documents et à l'aide de vos connaissances, rédigez un paragraphe argumenté d'une quinzaine de lignes, où vous montrerez l'importance des valeurs et des symboles de la République dans la vie de tous les Français.

La Marseillaise, un symbole important de la République française.

Document 1 L'opinion d'une institutrice

Osera-t-on faire apprendre à chanter cet hymne guerrier, fleuri de métaphores*, où le ridicule le dispute à l'odieux, sans penser au racisme de « qu'un sang impur abreuve nos sillons » [...]
Moi qui ai appris ce texte à l'école et l'ai chanté alors sans le comprendre, pour rien au monde je ne le transmettrai à mes élèves, sauf à titre de document d'histoire, d'une triste histoire.

Le Monde, avril 1985.

* Métaphores : une comparaison imagée.

Document 2 *La Marseillaise* dans la Résistance

J'ai été arrêté par la Gestapo le 23 mars 1943 et j'ai passé 5 mois à la prison de Fresnes de mars à septembre 1943. [...] Régulièrement, les copains qui partaient pour être fusillés au mont Valérien criaient par les murs, par les tuyaux, par les petites fenêtres : « Adieu, je suis fusillé demain, tu diras à ma famille que.... » ou bien « Adieu les copains, courage, Vive la France ! » Le 14 juillet 1943, *La Marseillaise* retentit partout dans la prison. Les chanteurs furent privés de paillasse* pendant plusieurs jours.

François Perrot, in *Jusqu'au bout de la Résistance*, Stock, 1997.

* Une paillasse : sac de paille servant de matelas.

Document 3 *La Marseillaise,* symbole de la patrie et de la République

Il est remarquable que le sentiment national français s'incarne dans des symboles républicains : le drapeau tricolore, la devise « Liberté, Égalité, Fraternité », l'hymne national.
La Marseillaise, symbole de la patrie et de la République, est un élément indispensable de la formation du citoyen.

Son texte et sa musique doivent être naturellement expliqués, appris et chantés par tous les jeunes Français.

Extrait du *Bulletin officiel de l'Éducation nationale*, 2 mai 1985.

Questions

Document 1

▶ **1.** L'institutrice refuse de faire apprendre les paroles de *La Marseillaise* à ses élèves. Pourquoi ? *(1 point)*

Documents 2 et 3

▶ **2.** En vous aidant des documents 2 et 3, dites pourquoi les résistants emprisonnés à Fresnes chantent *La Marseillaise* dans les cachots le 14 juillet 1943. *(2 points)*
▶ **3.** Dans le document 3, que signifie l'expression « le sentiment national français » ? *(1 point)*

Paragraphe argumenté

▶ **4.** En vous appuyant sur les informations tirées des documents et sur des exemples de votre choix, rédigez un paragraphe argumenté d'une quinzaine de lignes montrant l'importance de *La Marseillaise* comme symbole de la République en France.

---

58 BORDEAUX
JUIN 2000 • SÉRIE COLLÈGE

Voter, un droit et un devoir de citoyen ?

Documents d'accompagnement

Document 1 Extraits de la Constitution de la Vᵉ République

Article 3 : La souveraineté nationale appartient au peuple qui l'exerce par ses représentants et par la voie du référendum.

Aucune section du peuple ni aucun individu ne peut s'en attribuer l'exercice.

Le suffrage peut être direct ou indirect dans les conditions prévues par la Constitution. Il est toujours universel, égal et secret.

Sont électeurs, dans les conditions déterminées par la loi, tous les nationaux français des deux sexes, jouissant de leurs droits civils et politiques.

Document 2 — Une carte d'électeur

Questions *(4 points)*

Documents 1 et 2

▶ **1.** Quelles sont les conditions nécessaires pour être citoyen ?
▶ **2.** Vous donnerez la nature du document 2 et relèverez deux éléments, au moins, montrant qu'il s'agit d'un document officiel.
▶ **3.** Comment le peuple exerce-t-il sa souveraineté nationale ?

Paragraphe argumenté *(8 points)*

▶ **4.** En quinze lignes, vous expliquerez en quoi voter, dans une démocratie, est à la fois un droit et un devoir civique.

Voter : un droit et un devoir.

Document 1   Extrait de la Constitution de la Ve République

Art. 3. : Le suffrage peut être direct ou indirect dans les conditions prévues par la Constitution. Il est toujours universel, égal et secret. Sont électeurs, dans les conditions prévues par la loi, tous les nationaux français majeurs, des deux sexes, jouissant de leurs droits civils et politiques.

Document 2   Les élections européennes de juin 1999

Les électeurs les plus jeunes se sont moins abstenus que les plus âgés.

Les abstentionnistes constituent, et de loin, le premier parti de France. Plus d'un électeur sur deux (52,99 %) a boudé les unes, dimanche 13 juin, et l'on compte 21 millions d'abstentionnistes. Il est vrai que les élections européennes sont, traditionnellement, peu mobilisatrices. Considérées comme un scrutin de second ordre, sans influence décisive sur le pouvoir en France, elles ont enregistré, depuis 1979, des taux de participation nettement inférieurs à ceux des élections nationales.

Réalisé dimanche, le sondage de la Sofres permet de dresser un portrait fouillé de ces abstentionnistes et de cerner leurs motivations.

Les femmes sont plus nombreuses que les hommes à s'abstenir : 56 % des électrices n'ont pas voté contre 49 % des électeurs.

Les plus jeunes (18-24 ans) ont été les moins nombreux à s'abstenir (47 %), alors que les plus de 50 ans ont moins participé au scrutin (51 % d'abstention).

Les agriculteurs, d'habitude les moins abstentionnistes, sont la catégorie qui a le plus boudé les urnes (68 % contre 34 % en 1994 et 31 % en 1989). De même, les commerçants et les artisans enregistrent un niveau d'abstention nettement supérieur cette année (58 %).

D'après **Gérard Courtois**, *Le Monde*, mardi 15 juin 1999.

Les motifs de l'abstention

Quelles sont les raisons pour lesquelles vous n'avez pas voté ?

Pour manifester mon mécontentement à l'égard d'un parti politique .... 45 %
Parce que ces élections ne m'intéressent pas .... 25 %
Parce qu'aucune liste ne me convient .... 24 %
Pour manifester mon mécontentement à l'égard de l'euro .... 11 %
Parce que je ne vote jamais .... 7 %

Questions

Documents 1 et 2

▶ **1.** Définissez les expressions « suffrage universel direct » et « suffrage universel indirect ». Pour les élections européennes, le suffrage est-il direct ou indirect ? Justifiez votre réponse.

▶ **2.** Après avoir expliqué le terme « abstentionniste », dites qui sont les abstentionnistes (sexe, âge, profession) pour ce scrutin.

▶ **3.** Pourquoi de nombreux citoyens ne se sont-ils pas sentis concernés en juin 1999 selon le sondage ?

▶ **4.** Quelle catégorie de la population a néanmoins largement participé ?

Paragraphe argumenté

▶ **5.** À partir des documents et de vos connaissances, rédigez un paragraphe d'une quinzaine de lignes montrant pourquoi l'abstention s'est accrue ces dernières années et dites en quoi cela peut être gênant pour la démocratie.

Voter aujourd'hui en France.

Documents d'accompagnement

Document 1 Une manifestation en 1997 en France

« Je suis citoyen du pays que j'habite.
Droit de vote pour tous à toutes les élections !
Collectif portugais pour une pleine citoyenneté. »

Document 2 Extrait de la Constitution de 1958

Article 3. ... Sont électeurs, dans les conditions déterminées par la loi, tous les nationaux français majeurs des deux sexes, jouissant de leurs droits civils et politiques.

Document 3 — Extrait du traité de Maastricht (1992), intégré aujourd'hui dans le traité sur l'Union européenne

Article 19. ... Tout citoyen de l'Union résidant dans un État membre dont il n'est pas ressortissant a le droit de vote et d'éligibilité aux élections municipales dans l'État membre où il réside, dans les mêmes conditions que les ressortissants de cet État... Il a le droit de vote et d'éligibilité aux élections au Parlement européen dans l'État membre où il réside...

Questions *(4 points)*

Document 1

▶ **1.** Que réclame-t-on dans cette manifestation ? Quel est l'argument utilisé ?

Documents 2 et 3

▶ **2.** Relevez :
a) Qui a le droit de vote à toutes les élections qui se déroulent en France ?
b) À quelles élections en France, tout ressortissant de l'Union européenne a-t-il le droit de participer ?

Documents 1, 2 et 3

▶ **3.** Quelle réponse ces deux textes (documents 2 et 3) apportent-ils aux manifestants (document 1) ? *(4 points)*

Paragraphe argumenté *(8 pts)*

▶ **4.** À l'aide des documents et de vos connaissances, rédigez un paragraphe d'une quinzaine de lignes, en expliquant comment, depuis 1958, a évolué le droit de vote en France.

L'importance du vote des citoyens en France.

Documents d'accompagnement

Document 1 — Affiche du Centre d'information civique

Document 2 — Extrait de la Constitution de 1958, titre I, article 3

La souveraineté nationale appartient au peuple qui l'exerce par ses représentants et par la voie du référendum [...] Sont électeurs, dans les conditions déterminées par la loi, tous les nationaux français, majeurs des deux sexes, jouissant de leurs droits civils et politiques.

Questions

Document 1

▶ **1.** Quels sont les symboles civiques représentés sur l'affiche ? *(1 point)*

Document 2

▶ **2.** Que signifie l'expression « la souveraineté nationale appartient au peuple » ?
▶ **3.** Précisez qui sont « les représentants » dont parle le document 2. *(2 points)*

Documents 1 et 2

▶ **4.** Montrez que les documents 1 et 2 se complètent. *(1 point)*

Paragraphe argumenté

▶ **5.** En vous appuyant sur les informations tirées des documents et sur des exemples de votre choix, rédigez un paragraphe argumenté d'une quinzaine de lignes montrant que le fonctionnement de la démocratie, en France, repose sur le vote des citoyens.

2 L'organisation des pouvoirs de la République

62 ASIE
JUIN 2000

Comment fonctionnent les institutions de la Ve République dans l'exemple étudié ?

Documents d'accompagnement

Document 1 Extraits de la Constitution de la Ve République

Article 6. Le président de la République est élu pour sept ans au suffrage universel direct.

Article 8. Le président de la République nomme le Premier ministre. Il met fin à ses fonctions sur la présentation par celui-ci de la démission du gouvernement.

Sur la proposition du Premier ministre, il nomme les autres membres du gouvernement et met fin à leurs fonctions.

Article 12. Le président de la République peut, après consultation du Premier ministre et des présidents des assemblées, prononcer la dissolution de l'Assemblée nationale.

Article 34. La loi est votée par le Parlement.

Document 2 Décret du 21 avril 1997 : portant dissolution de l'Assemblée nationale.
Extrait du *Journal officiel* du 22 avril 1997

Le président de la République,
Vu l'article 12 de la Constitution ;
Après consultation du Premier ministre, du président du Sénat et du président de l'Assemblée nationale,
Décrète :
Art. 1 – L'Assemblée nationale est dissoute.

Art. 2 – Le présent décret sera publié au Journal officiel de la République française
Fait à Paris, le 21 avril 1997
Jacques Chirac

Document 3 Extrait d'un article du journal *Midi libre* du 3 juin 1997

La victoire de la gauche aux élections législatives anticipées.
Jospin Premier ministre
Le président Chirac engage la nouvelle cohabitation.
Lionel Jospin a été nommé Premier ministre par Jacques Chirac au lendemain de la victoire de la Gauche aux élections législatives et s'installe dès aujourd'hui à Matignon.
« Le président de la République m'a proposé de me nommer Premier ministre, j'ai accepté », a déclaré en milieu de journée le premier secrétaire du PS sur le perron de l'Élysée après un entretien de près d'une heure avec le chef de l'État. Première rencontre de la nouvelle cohabitation, l'entretien avec Jacques Chirac « s'est très bien » passé, a-t-il précisé. »

Questions

Documents 1 et 2

▶ **1.** La décision prise par le président de la République le 21 avril 1997 vous paraît-elle conforme à la Constitution ? Justifiez votre réponse. *(2 points)*

Documents 2 et 3

▶ **2.** Pourquoi l'article du journal *Midi libre* parle-t-il « d'élections législatives anticipées » ? *(1 point)*

Documents 1 et 3

▶ **3.** Comment se fait le choix du Premier ministre ? *(1 point)*

Paragraphe argumenté *(8 points)*

▶ **4.** Avec l'aide des documents, des réponses aux questions et de vos connaissances, rédigez un paragraphe argumenté d'une quinzaine de lignes sur le sujet suivant : « Comment fonctionnent les institutions de la Ve République dans l'exemple étudié ? »

63 AFRIQUE
JUIN 2000

Rôle et pouvoir du président de la République française.

Documents d'accompagnement

Document 1 — Extraits des articles 5, 6, 12 et 15 de la Constitution de la Vᵉ République

Art. 5. Le président de la République veille au respect de la Constitution. [...] Il est le garant de l'indépendance nationale, de l'intégrité du territoire et du respect des traités.
Art. 6. Le président de la République est élu pour sept ans au suffrage universel direct. [...]
Art. 12. Le président de la République peut, après consultation du Premier ministre et des présidents des deux assemblées, prononcer la dissolution de l'Assemblée nationale. [...]
Art. 15. Le président de la République est le chef des armées. [...]

Document 2 — Le président de la République et une révision de la Constitution

Pour réformer le fonctionnement de la justice, le président de la République peut proposer une révision de la Constitution. Il a besoin d'une réunion exceptionnelle de l'Assemblée nationale et du Sénat (article 89 de la Constitution). Cette réunion des deux assemblées porte le nom de Congrès.

Le président de la République a déclaré : « J'avais prévu une grande réforme de la Justice, plus proche, plus rapide, moins chère, [...] respectueuse de la présomption d'innocence, donc protégeant mieux les droits de l'homme, [...] une réforme qui constitue un tout nécessaire au bon fonctionnement de notre démocratie.

Le dialogue entre le gouvernement et le Parlement n'a pu aboutir. [...] Un rejet risquait de compromettre l'ensemble de la réforme [1]. J'ai décidé de reporter le Congrès afin de donner à cette réforme de nouvelles chances. »

Ouest-France, 21 janvier 2000.

---

[1]. La majorité des 3/5 du Congrès était nécessaire pour le vote définitif de la loi présentée par le gouvernement de Lionel Jospin.

Document 3 — Le président de la République se rend en Amérique centrale dévastée par un cyclone, en novembre 1998

Le président a pris un avion militaire français, [...] puis s'est rendu, sur le *Francis-Garnier*, bâtiment de la marine nationale française, dans un village de pêcheurs ensablé. C'est là qu'il a rendu hommage aux équipes françaises, assurant que sa visite le confortait dans l'idée qu'il fallait accroître la solidarité internationale autant que croît la mondialisation. Il a aussi annoncé la décision de la France d'annuler les créances[1] envers le Guatemala, le Honduras, le Nicaragua et le Salvador[2]. Le président Chirac a aussi émis l'idée d'une « sécurité sociale internationale » afin de réagir [...] aux catastrophes qui frappent les pays pauvres.

Ouest-France, 16 novembre 1998.

1. Créances : argent prêté.
2. Pays d'Amérique centrale.

Questions *(4 points)*

Document 1

▶ **1.** En quoi l'article 6 de la Constitution renforce-t-il le lien entre le président de la République et la nation ?

Documents 1 et 2

▶ **2.** Quels sont les pouvoirs du président de la République énoncés dans ces articles de la Constitution ?

Document 2

▶ **3.** Pourquoi le président de la République veut-il réformer le fonctionnement de la justice ?

Document 3

▶ **4.** Pourquoi le président de la République se rend-il en Amérique centrale ? En quoi cette démarche témoigne-t-elle de son rôle ?

Paragraphe argumenté *(8 points)*

▶ **5.** Rédigez un paragraphe argumenté d'une quinzaine de lignes montrant que le président de la République est le premier personnage de l'État.

3 La citoyenneté politique et sociale

64 POLYNÉSIE
JUIN 2000 • SÉRIE TECHNOLOGIQUE

Les institutions de la France, la cohabitation sous la Ve République.

Documents d'accompagnement

Document 1 Extraits d'articles de la Constitution de la Ve République de 1958

Art. 6.[1] Le président de la République est élu pour sept ans au suffrage universel direct [...]

Art. 8. Le président de la République nomme le Premier ministre. Il met fin à ses fonctions sur la présentation par celui-ci de la démission du gouvernement.

Sur la proposition du Premier ministre, il nomme les autres membres du gouvernement et met fin à leurs fonctions.

Art. 9. Le président de la République préside le Conseil des ministres. (...)

---

1. Article modifié en 1962.

Document 2 Résultats du second tour des élections présidentielles de mai 1995

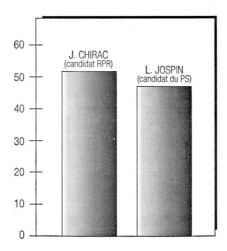

En pourcentage (exprimés 74 % des inscrits)

Le document est gradué en pourcentage. RPR : Rassemblement pour la République. PS : Parti socialiste. Le RPR et le PS sont deux partis politiques français.

Document 3 Jacques Chirac (président de la République) et Lionel Jospin (Premier ministre), en réunion

Précision : Lionel Jospin est devenu Premier ministre après la victoire de son parti politique aux élections législatives de 1997.

198 | ÉDUCATION CIVIQUE

Questions

Document 1 *(0,5 point)*

▶ **1.** De quand date ce document et d'où sont extraits ces trois articles ?
▶ **2.** Pour quelle durée est élu le président de la République ?

Document 2 *(1,5 point)*

▶ **3.** De quand date ce document ?
▶ **4.** De quelle élection s'agit-il ?
▶ **5.** Qui est élu, qui est battu ?

Document 3 *(1 point)*

▶ **6.** Quelle est la nature de ce document ?
▶ **7.** Pourquoi ces deux hommes sont-ils assis l'un à côté de l'autre ?

Répondez aux questions en mettant en relation les documents *(1 point)*

Documents 2 et 3

▶ **8.** Lionel Jospin et Jacques Chirac appartiennent-ils au même parti politique ? Précisez votre réponse.

Documents 1 et 3

▶ **9.** Qui a pris la décision de nommer Lionel Jospin au poste de Premier ministre ? Justifiez votre réponse.

Rédaction d'un paragraphe argumenté d'une quinzaine de lignes *(8 points)*

▶ **10.** Le président de la République et le Premier ministre sont les deux personnalités les plus importantes de l'État. Le premier est le chef de l'État, le second est le chef du gouvernement. Actuellement, les deux hommes au pouvoir n'appartiennent pas à la même formation politique, pourtant ils gouvernent ensemble. Cela s'appelle la cohabitation.
a) Vous rappellerez de quelle manière les institutions de la Ve République définissent comment l'un et l'autre arrivent au pouvoir.

b) Dans une première partie vous expliquerez quelles responsabilités exerce le président de la République, chef de l'État.
c) Dans une seconde partie vous préciserez quel est le rôle du Premier ministre, à la tête du gouvernement.
d) Enfin, dites pourquoi il est important que les deux hommes travaillent ensemble, même s'ils ne partagent pas les mêmes opinions politiques.

---

65 — CAEN
JUIN 2000 • SÉRIE COLLÈGE

La participation des citoyens à la vie politique, économique et sociale en France.

Documents d'accompagnement

Document 1 — Extrait de la Constitution de la Ve République française (1958)

Article 3. La souveraineté nationale appartient au peuple qui l'exerce par ses représentants et par la voie du référendum [...] [le suffrage] est toujours universel, égal et secret. Sont électeurs dans les conditions déterminées par la loi, tous les nationaux français majeurs des deux sexes, jouissant de leurs droits politiques et civils.

Article 4. Les partis et groupements politiques concourent à l'expression du suffrage.

Document 2

« Dans les entreprises, le personnel est représenté par des délégués [...].

Les délégués du personnel (pas forcément syndiqués) interviennent auprès de la direction sur les conditions de travail, le respect du droit du travail (salaires, temps de travail, etc.) [...]. Les délégués syndicaux sont nommés par leurs syndicats dans les entreprises de plus de 50 salariés. Ils participent aux négociations et peuvent signer des accords d'entreprises, comme des augmentations de salaire ou des aménagements du temps de travail.

Des accords peuvent être signés au niveau des entreprises ou dans certains métiers, mais il existe aussi des accords interprofessionnels, qui s'appliquent à tous les salariés. Ils sont élaborés* par les syndicats, le patronat et l'État. »

D'après *Les Clés de l'actualité* n° 267, septembre 1997.

* Élaborés : négociés et mis au point

Document 3

« La première réunion du Conseil départemental de la vie associative s'est tenue samedi, à la préfecture. En présence d'Hubert Fournier, préfet du Calvados, une trentaine de responsables d'associations et de représentants de collectivités locales (mairies, département) ont échangé sur le rôle de cette nouvelle instance* [...].

Le conseil a élu son bureau : 6 personnes élues issues du monde associatif et des représentants d'administrations et de mairies. En tout une dizaine de personnes.

Le bureau doit lancer plusieurs réflexions autour [...] de la formation des bénévoles** et de leurs statuts. Un travail concernant la fiscalité*** des associations sera aussi mené. »

D'après un article de *Ouest-France* du 27 janvier 2000.

* Instance : organisation.
** Bénévoles : ceux qui agissent dans une association sans être payés.
*** Fiscalité : ce qui concerne les impôts.

Questions *(4 points)*

Document 1

▶ **1.** Citez au moins deux moyens, pour les citoyens français, de participer à la vie politique du pays qui sont définis dans la Constitution.

Documents 2 et 3

▶ **2.** Quels sont les quatre différents représentants de citoyens qui apparaissent dans les documents 2 et 3 ?

> **Document 3**

▶ **3.** Montrez que des citoyens ou leurs représentants interviennent de plusieurs manières dans le domaine économique et social.

Paragraphe argumenté *(8 points)*

▶ **4.** Rédigez à partir de votre travail sur les documents et à partir de vos connaissances un paragraphe argumenté répondant au sujet suivant : « Montrez qu'en France un citoyen peut participer de plusieurs manières à la vie politique, économique et sociale du pays ».

---

66 POITIERS
JUIN 2000 • SÉRIE COLLÈGE

Les associations : des moyens d'agir en citoyen.

Documents d'accompagnement

> **Document 1** Nîmes, capitale des associations

Beaucoup de monde encore lors du deuxième Forum des associations qui s'est tenu le 4 septembre dans les rues ensoleillées du centre-ville. Les représentants de deux cent cinquante associations ont présenté leurs diverses activités aux milliers de Nîmois qui ont témoigné, au regard de leur forte présence, du profond attachement les liant à l'exercice de la citoyenneté. Coup de projecteur sur quelques associations : l'AFIJ qui se propose d'aider les jeunes diplômés à obtenir leur premier emploi ; la Banque alimentaire dont la section nîmoise a distribué 350 tonnes de nourriture l'an passé ; Art et Loisirs qui prépare pour la fin du mois la première coupe de France de pétanque des personnels hospitaliers, le Centre de danse de Nîmes...

Nîmes la Ville, Journal municipal d'informations, octobre 1999, n° 70.

Document 2 « Droit au logement » cherche des bénévoles

Document 3

Loi du 1er juillet 1901 sur les associations
Article 1. La loi définit l'association comme le contrat par lequel « deux ou plusieurs personnes mettent en commun de façon permanente leurs connaissances ou leur activité dans un but autre que partager des bénéfices ».
Article 2. Les associations de personnes pourront se former librement.
Article 3. Toute association devra être rendue publique par les soins de ses fondateurs.
La déclaration préalable en sera faite à la préfecture du département ou à la sous-préfecture où l'association aura son siège social.

Questions

Documents 1 et 2

▶ **1.** Citez le nombre d'associations représentées à Nîmes, montrez-en la diversité ; dites comment se manifeste la citoyenneté dans les documents 1 et 2. *(3 points)*

Document 3

▶ **2.** Quelles sont les conditions pour créer une association ? *(1 point)*

Paragraphe argumenté

▶ **3.** Recopiez le sujet : « Les associations : des moyens d'agir en citoyen ».
Dans un paragraphe rédigé d'une quinzaine de lignes, vous direz comment, grâce à leur variété, les associations permettent à l'individu d'agir en citoyen.

4 Les débats de la démocratie

67 — AMÉRIQUE DU NORD — JUIN 2000

La liberté des médias et la démocratie.

Documents d'accompagnement

Document 1 — Extraits de textes officiels français

Loi de 1881 sur la liberté de la presse
Article 1er. L'imprimerie et la librairie sont libres.
Article 27. La publication ou la reproduction de nouvelles fausses [...] sera punie.

Loi de 1989 sur la liberté de communication
Article 1. La communication audiovisuelle est libre. L'exercice de cette liberté ne peut être limité que [...] par le respect de la dignité humaine, de la liberté d'autrui [...].

Code civil
Article 9. Chacun a droit au respect de la vie privée [...].

Document 2

« La liberté d'informer, c'est la liberté de la presse et des autres moyens de communication de rechercher et de transmettre, sans entrave*, l'information nécessaire à l'existence et au maintien de la vie démocratique. Cette liberté est fonction des libertés fondamentales de pensée, de parole, d'expression et d'opinion [...].

L'indépendance [des médias] est essentielle pour [...] aider le public à porter des jugements éclairés, pour refléter le plus fidèlement possible les idées qui ont cours dans la société et pour favoriser un débat démocratique élargi et ouvert [...]. Tout en assurant le droit à l'information, les médias et les professionnels de l'information doivent respecter les droits de la personne dont le droit à la vie privée, à l'intimité, à la dignité et à la réputation... »

D'après *Les Droits et responsabilités de la presse.*
Extrait du site Internet du Conseil de presse du Québec.

* Entrave : obstacle.

Document 3 — Publication judiciaire à la demande de Sophie Marceau

La Première Chambre du Tribunal de Grande Instance de Nanterre, par jugement du 2 novembre 1999, a condamné la société Prisma Presse à payer à Sophie Marceau des dommages et intérêts, pour avoir porté atteinte à sa vie privée et à son droit à l'image.

Extrait de la première page du journal *Voici*, n° 635 du 10 au 16 janvier 2000.

Questions *(4 points)*

Documents 1 et 2

▶ **1.** Au nom de quels principes démocratiques les médias peuvent-ils s'exprimer librement ?

Document 2

▶ **2.** Citez deux éléments qui montrent que les médias participent au bon fonctionnement d'une démocratie.

Documents 1, 2 et 3

▶ **3.** Quelle règle n'a pas été respectée par le journal *Voici* ?

Documents 1 et 3

▶ **4.** En France, la liberté des médias est-elle sans limite ? Donnez, à partir des documents, deux raisons justifiant votre réponse.

Paragraphe argumenté *(8 points)*

▶ **5.** Rédigez, à partir de votre travail sur les documents et à partir de vos connaissances, un paragraphe argumenté répondant au sujet suivant : « Montrez que la liberté des médias est essentielle pour une démocratie mais que ces médias doivent respecter certaines règles ».

---

68 AIX-MARSEILLE, CORSE, MONTPELLIER, NICE, TOULOUSE
JUIN 2000 • SÉRIE COLLÈGE

L'opinion publique et le rôle des médias.

Documents d'accompagnement

Document 1 Extrait d'un article du quotidien *Libération*, 12 janvier 1998

Dans l'hiver 1997-1998, des voitures sont incendiées chaque nuit à Strasbourg par des groupes de jeunes. Le sociologue Farad Khosrokhavar, auteur d'un rapport sur les violences urbaines donne son point de vue :

« Les médias ne sont pas seulement rapporteurs d'événements, mais aussi copartenaires. Je ne dis pas qu'ils inventent mais qu'ils amplifient. Dès que l'information circule, produite par différentes sources, elle génère des effets qu'on ne peut contrôler. L'ensemble, y compris la présence des médias, fait qu'au lieu de 200 voitures brûlées, il y en aura 250... leur présence crée de l'émulation chez les jeunes. [...] C'est ce qui s'est passé le 1er janvier à Strasbourg. L'an dernier, certains d'entre eux étaient très déçus de ne faire déplacer que France 3. Ceux qui ont eu TF1 ont le sentiment d'être les meilleurs. En outre, les médias contribuent à surdramatiser les problèmes. Dans les entretiens avec les gens du quartier de Cronenbourg*, les incendies de voitures ne constituent pas un problème fondamental [...] il y a plus grave, comme le chômage, la drogue... »

Propos recueillis par **Didier Arnaud**, journaliste.

---

* Cronenbourg : quartier de Strasbourg.

Document 2 Extraits de la loi du 1er juillet 1881 sur la presse

Article 1. L'imprimerie et la librairie sont libres.
Article 2. Tout écrit rendu public [...] portera l'indication du nom et du domicile de l'imprimeur [...].
Article 3. Tout journal ou écrit périodique peut-être publié sans autorisation préalable [...]

Questions

Document 1

▶ **1.** Quels sont les différents rôles que jouent les médias dans les événements rapportés par le document ? *(2 points)*

Document 2

▶ **2.** Quelle liberté est protégée par ce texte de loi et comment l'est-elle ? *(2 points)*

Paragraphe argumenté *(8 points)*

▶ **3.** A l'aide des documents, des réponses aux questions et de vos connaissances, rédigez un paragraphe argumenté d'une quinzaine de lignes sur le sujet suivant : « L'opinion publique et le rôle des médias ».

---

69 GRÈCE, TUNISIE
JUIN 2000 • SÉRIE COLLÈGE

Les avantages et les risques d'Internet.

Document 1 Une contestation par le web

Le succès du mouvement civique à Seattle[1] ne constitue un mystère que pour ceux qui n'y ont pas contribué. Grâce surtout à Internet, des dizaines de milliers d'adversaires de l'Organisation mondiale du commerce (OMC) s'étaient organisés sur le plan national et international, tout au long de 1999. À condition d'avoir accès à un ordinateur et de maîtriser à peu près l'anglais, n'importe qui pouvait être aux premières loges et participer à la montée vers Seattle [...].

Toujours sur Internet, on commence à mesurer l'ampleur de l'information disponible, complétée par le travail de milliers de militants, qui étaient aussi devenus autant d'experts : conférences, réunions et articles, entretiens et conférences de presse.

D'après *Le Monde diplomatique*, janvier 2000.

1. Ville des États-Unis où se sont réunis en novembre 1999 les pays membres de l'OMC.

Document 2 Une page web du site www.cnil.fr :
« Les données personnelles de votre ordinateur ne sont pas confidentielles »

Sur la deuxième page de son site Internet, la CNIL* montre à l'utilisateur comment il est facile de s'introduire dans un ordinateur lorsque celui-ci est connecté à Internet et comment l'anonymat n'est pas garanti ni les données personnelles d'un particulier.

Votre configuration

Saviez-vous que l'**adresse IP** de votre machine est : 104 158 111 133 et que votre **adresse DNS** est ppp-201-332 villette club-internet.fr

Nous pouvons voir que votre ordinateur utilise Microsoft Windows 98 comme **système d'exploitation**

Votre navigateur a comme nom de code : Mozilla/4.0 (compatible, MSIE 4.01 ; Windows 98), mais c'est en fait : Microsoft internet Explorer 4.01

Pour accéder à cette page, vous avez cliqué sur le lien situé à l'adresse suivante : http//www.cnil.fr/traces/demonst/demo.htm. Cette page montre comment le serveur peut exploiter les variables d'environnement de votre navigateur.

CNIL : Commission nationale de l'informatique et des libertés. Elle se préoccupe des informations stockées mises à disposition par les réseaux informatisés et surveille leur bonne utilisation dans le respect des libertés individuelles.

Questions

Documents 1 et 2

▶ **1.** Qu'est-ce qu'Internet ?
▶ **2.** Dans quels buts les citoyens ont-ils utilisé Internet au cours des négociations de l'OMC ?
▶ **3.** Justifiez le titre donné au document 2.

Paragraphe argumenté

▶ **4.** À partir des informations tirées des documents et de vos connaissances personnelles, vous direz, dans un paragraphe d'une quinzaine de lignes quel est l'intérêt et quels sont les risques d'Internet aujourd'hui.

5 La défense et la paix

CLERMONT-FERRAND — 70
JUIN 2000 • SÉRIES COLLÈGE ET TECHNOLOGIQUE

Le citoyen et la Défense nationale.

Documents d'accompagnement

Document 1 Vers la fin de la conscription

Le président François Mitterrand, malgré sa promesse de candidat, faite en 1981, de réduire le service militaire à six mois, attend son second septennat pour le ramener à dix – c'est chose faite en 1991, la loi étant promulguée en janvier 1992. Dès cette époque, la question du maintien de la conscription est posée. Le service militaire n'a en effet plus rien d'universel. D'abord, un peu moins des trois quarts des membres d'une classe d'âge (73 %) y sont soumis : 22 % sont exemptés pour des critères physiques et psychiques, 5 % sont dispensés pour des raisons sociales ou administratives. Ensuite, il est perçu comme inégalitaire : ainsi, en 1990, les jours de permission dont pouvait disposer un appelé variaient, en fonction de son lieu de garnison et de son affectation, entre 72 et 180 ; et quoi de commun entre le conscrit incorporé en Allemagne et l'heureux appelé envoyé sur une base aérienne proche de son domicile ? Par ailleurs, depuis la chute du mur de Berlin, l'éloignement des menaces directes en Europe et l'évolution des risques dans le monde impliquent une adaptation de l'outil militaire. [...]

Maurice Vaisse, *L'Histoire*, p. 37 et 38, n° 207, février 1997.

Document 2 Loi du 28 octobre 1997 (réforme du service national)

Art. L 111-1 Les citoyens concourent à la défense de la nation. Ce devoir s'exerce notamment par l'exercice du service national universel.
Art. L 111-2 Le service national universel comprend des obligations : le recensement, l'appel de préparation à la défense et l'appel sous les drapeaux. L'appel de la préparation à la défense a pour objet de conforter l'esprit de défense et de concourir à l'affirmation du sentiment d'appartenance à la communauté nationale ainsi qu'au maintien du lien entre l'armée et la jeunesse.
Art. L 114-2 [...] est organisé pour tous les Français l'appel de préparation à la défense auquel ils sont tenus de participer [...].
À l'issue, il est délivré un certificat individuel de participation.

Document 3 Articles 5 et 15 de la Constitution de 1958

Art. 5 : le président de la République [...] est garant de l'indépendance nationale, de l'intégrité du territoire, du respect des accords de Communauté et des traités.
Art. 15 : le président de la République est le chef des armées. Il préside les conseils et comités supérieurs de la Défense nationale.

Questions

Document 1

▶ **1.** Pourquoi dit-on que « le service militaire n'a plus rien d'universel » ?

Document 2

▶ **2.** Par quoi le service militaire est-il remplacé ? À quelle date ?

Documents 2 et 3

▶ **3.** Qui a pris cette décision historique ? En vertu de quel pouvoir ?

Paragraphe argumenté

▶ **4.** Dans un paragraphe argumenté d'une quinzaine de lignes, à partir de vos connaissances et des réponses aux questions précédentes, vous montrerez l'évolution du rôle du citoyen dans la Défense nationale.

La solidarité et la coopération internationale dans le monde d'aujourd'hui.

Documents d'accompagnement

Document 1 — Extrait de l'article 1 de la charte des Nations unies, 1945

Les buts des Nations unies sont les suivants : [...]
3. Réaliser la coopération internationale en résolvant les problèmes internationaux d'ordre économique, social, intellectuel ou humanitaire, en développant et en encourageant le respect des droits de l'homme et des libertés fondamentales pour tous sans discrimination de race, de sexe, de langue ou de religion.

Document 2 — Campagne « Meena » menée par l'UNICEF en Asie du Sud en 1997

Les filles et les garçons ont droit aux mêmes soins et à la même attention. C'est l'un des nombreux messages simples que fait passer Meena, la petite fille d'Asie du Sud, qui sert de modèle aux fillettes dans le cadre d'une série de dessins animés du même nom créée par l'UNICEF. Meena s'efforce de promouvoir les droits de l'enfant et l'égalité des sexes en Asie du Sud, [...] grâce à la projection de vidéos et à la diffusion de bandes dessinées, d'affiches, de programmes radio [...], ce qui a permis d'atteindre 57 millions de personnes de la région pendant la période 1997-1998.

Rapport annuel de l'UNICEF, 1999.

Document 3 Message de Médecins sans frontières

URGENCE KOSOVO

85 Médecins Sans Frontières portent secours aux réfugiés.

Pour chaque malade, nous faisons un geste médical.

Pour chaque réfugié, faites un geste de solidarité.

Depuis le début du mois d'avril, les Médecins Sans Frontières sont présents en Albanie, en Macédoine et au Montenegro. En urgence, nos équipes ont distribué des tentes, des couvertures, et mis en place des structures médicales afin de venir en aide aux réfugiés. Les actions de Médecins Sans Frontières dans la région ne sont possibles que grâce à votre soutien financier.

Merci d'adresser vos dons à :

MÉDECINS
SANS FRONTIÈRES
BP 2002
75011 PARIS

Ouest-France, 18 avril 1999.

Questions *(4 points)*

Document 1

▶ **1.** Quels sont les deux moyens essentiels de l'ONU pour réaliser la coopération internationale ?

Document 2

▶ **2.** Quels sont les deux objectifs de l'UNICEF en Asie du Sud et comment l'affiche les illustre-t-elle ?
▶ **3.** Quels moyens sont utilisés par l'UNICEF pour faire parvenir l'information auprès des populations d'Asie du Sud ?

Document 3

▶ **4.** Texte et affiche : en quoi consiste l'action de Médecins sans frontières au Kosovo ?
▶ **5.** Quelle est l'origine de l'argent qui permet l'action de Médecins sans frontières ?

Paragraphe argumenté *(8 points)*

▶ **6.** Rédiger un paragraphe argumenté d'une quinzaine de lignes répondant au sujet : « La solidarité et la coopération internationale dans le monde d'aujourd'hui : les acteurs et leurs modes d'action ».

---

72 RÉUNION, MADAGASCAR
JUIN 2000

La solidarité et la coopération internationales : réalités et limites.

Document 1 Extrait de la charte des Nations unies (25 juin 1945)

Article premier
Les buts des Nations unies sont les suivants :
[...] Réaliser la coopération internationale en résolvant les problèmes internationaux d'ordre économique, social, intellectuel ou humanitaire, en développant et en encourageant le respect des droits de l'homme et des libertés fondamentales pour tous sans distinction de race, de sexe, de langue ou de religion. »

Document 2 Une action de l'Organisation mondiale de la santé (OMS)

Il y a tout juste dix ans, en 1999, l'OMS et ses 191 États membres se lançaient dans une vaste aventure : la suppression de la poliomyélite* [...]. Grâce aux campagnes massives de vaccination (plus d'un milliard d'enfants ont été immunisés*), le nombre de cas déclarés dans le monde est tombé l'an dernier sous la barre des 4000 – 10 fois moins qu'il y a dix ans. Aujourd'hui, le poliovirus ne concerne plus, à l'état permanent, qu'une petite poignée de pays, dans le sud de l'Asie et en Afrique. Bien sûr, aussi longtemps que la disparition de la maladie n'aura pas été dûment constatée dans chaque pays, la vaccination restera la règle partout. Bien sûr, pour arriver au but, l'OMS en est encore réduite à pleurer les crédits : il lui manque 150 malheureux millions de dollars américains pour boucler l'opération.

Article du *Nouvel Observateur*, 23-29 juillet 1998.

* Poliomyélite : maladie qui touche la moelle épinière, provoquant de graves paralysies.
* Immuniser : protéger contre la maladie par un vaccin.

Document 3 Mai 1999 : les sept pays les plus industrialisés annulent la dette des pays les plus pauvres

Dessin de Plantu, *Le Monde*, mai 1999.

Questions

Document 1 *(1 point)*

▶ **1.** Quels sont, pour les pays signataires, les objectifs de la coopération internationale ?

Document 2 *(1 point)*

▶ **2.** Quel est l'objectif de l'OMS ? L'a-t-elle complètement atteint ? Pourquoi ?

Document 3 *(2 points)*

▶ **3.** Quel type de pays est représenté par chaque personnage ? Quels problèmes du tiers-monde l'auteur pose-t-il dans ce dessein ?

Rédaction d'un paragraphe argumenté *(8 points)*

▶ **4.** À l'aide des documents et de vos connaissances, vous montrerez dans un paragraphe argumenté d'une quinzaine de lignes, les réussites et les difficultés de la solidarité internationale, par exemple dans les domaines de l'éducation, de la santé, de l'alimentation, etc.

---

73 GUADELOUPE-GUYANE-MARTINIQUE
JUIN 2000 • SÉRIE COLLÈGE

L'ONU et la paix dans le monde.

Document 1 Charte des Nations unies du 26 juin 1945 (extrait)

Art. 1 – Les buts des Nations unies sont les suivants :
1. Maintenir la paix et la sécurité internationales et à cette fin : prendre des mesures collectives efficaces en vue de prévenir et d'écarter les menaces à la paix et de réprimer tout acte d'agression ou autre rupture de la paix, et réaliser, par des moyens pacifiques, conformément aux principes de la justice et du droit international, l'ajustement ou le règlement de différends ou de situations, de caractère international, susceptibles de mener à une rupture de la paix.
2. Développer entre les nations des relations amicales fondées sur le respect du principe de l'égalité de droits des peuples et de leur droit à disposer d'eux mêmes, et prendre toutes autres mesures propres à consolider la paix du monde.
3. Réaliser la coopération internationale en résolvant les problèmes internationaux d'ordre économique, social, intellectuel ou

humanitaire, en développant et en encourageant le respect des droits de l'homme et des libertés fondamentales pour tous, sans distinction de race, de sexe, de langue ou de religion.

4. Être un centre où s'harmonisent les efforts des nations vers ces fins communes.

Document 2 — En 1988, Les Casques bleus reçoivent le prix Nobel de la paix

Questions

Document 1

▶ 1. Sur quels principes l'ONU se base-t-elle pour maintenir la paix ?

Document 2

▶ 2. Quels moyens possède l'ONU pour maintenir la paix ?

Paragraphe argumenté

▶ 3. Dans un paragraphe argumenté d'une quinzaine de lignes, à l'aide de vos connaissances personnelles sur le sujet et des informations tirées des documents, vous direz en quoi l'on peut dire que l'ONU aide au maintien de la paix.

Exercices de repérage

74 — AMIENS, CRÉTEIL, LILLE, PARIS, ROUEN, VERSAILLES
JUIN 2000 • SÉRIES COLLÈGE ET TECHNOLOGIQUE

▶ En repérant les numéros sur la carte de la France, complétez la liste suivante *(3 points)* :

1. une ville : ....
2. un fleuve : ....
3. une région : ....

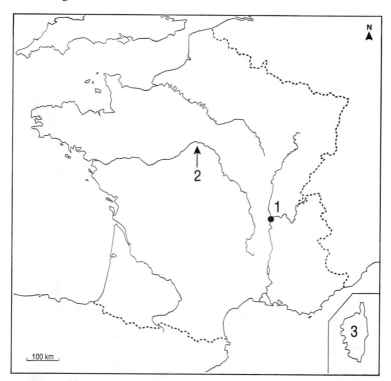

Indiquez dans le tableau les périodes (millénaire, siècle, année) qui correspondent aux événements suivants. *(3 points)*

	Période
1. Le temps de la Bible	
2. L'hégire (début de l'ère musulmane)	
3. Le temps des cathédrales	

75 BESANÇON, DIJON, LYON, NANCY-METZ, REIMS, STRASBOURG • JUIN 2000
SÉRIES COLLÈGE ET TECHNOLOGIQUE

▶ Les quatre monuments ci-dessous symbolisent les quatre périodes historiques suivantes :

L'apogée d'Athènes (1)   Le temps des cathédrales (2)
Le règne personnel de Louis XIV (3)   Les années Mitterrand (4)

Dans les cases prévues à cet effet, indiquez le numéro de la période qui correspond au monument.

□ □

□ □

Quel est le siècle des cathédrales ? ....

Quel personnage est associé à l'apogée d'Athènes ? ....

GRENOBLE
JUIN 2000 • SÉRIES COLLÈGE ET TECHNOLOGIQUE

▶ Complétez ces douzes cartouches sur l'Asie :

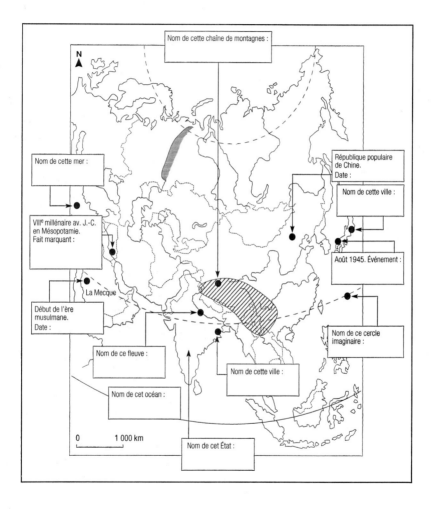

BORDEAUX
JUIN 2000 • SÉRIE COLLÈGE

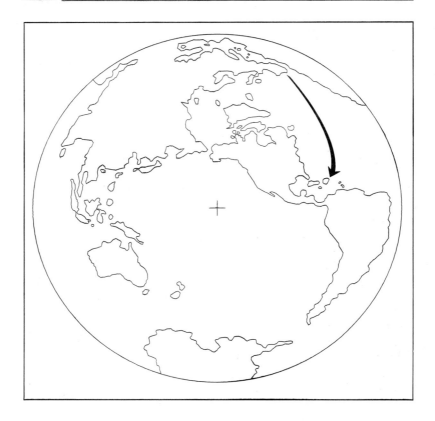

▶ Dire en une phrase quel est le point de départ et le point d'arrivée de la flèche tracée sur le croquis ci-dessus, ainsi que l'espace traversé par cette flèche.

Présenter la nature et l'année précise de l'événement de la fin du XVe siècle représenté schématiquement par cette flèche.

Dans une phrase, citer le nom de l'espace maritime situé au centre (marqué par le signe +) de cette représentation de la Terre ainsi que le nom d'un État côtier actuel situé à l'ouest de cet espace maritime.

CAEN
JUIN 2000. • SÉRIE COLLÈGE

▶ Sur la carte ci-dessous, est indiquée Alésia, lieu d'une bataille qui se déroula en 52 avant Jésus-Christ *(2 points)* :

Qui est le vainqueur ? ....

Qui est le vaincu ? ....

Que se passe-t-il à Constantinople, localisée sur la carte ci-dessous, en 1453 ? *(2 points)*

Parmi les quelques métropoles représentées sur la carte, inscrivez Marseille. *(2 points)*

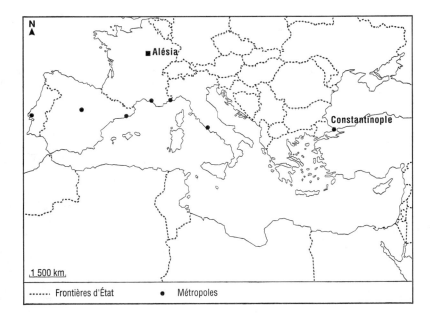

Formation de l'Union européenne.

▶ Dans le rectangle figurant sur la carte, indiquez le nom et la date (mois et année) du traité fondateur de la CEE.
Coloriez en bleu et nommez les États fondateurs de la CEE en face du numéro correspondant dans la légende.
▶ Situez sur la carte la ville dans laquelle siège la commission européenne.

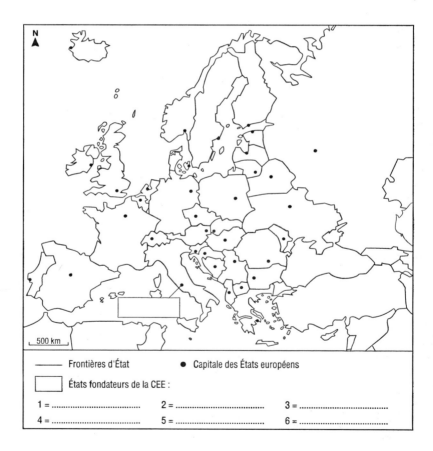

—— Frontières d'État   ● Capitale des États européens
☐ États fondateurs de la CEE :
1 = ...   2 = ...   3 = ...
4 = ...   5 = ...   6 = ...

▶ L'Union européenne est une association née d'une volonté librement consentie. Le désir d'unir l'Europe par la force a toujours échoué dans le passé.

Dessin de Plantu, *La douane se fait la malle*, 1992.

1. À quel siècle correspond l'apogée de l'Empire romain en Europe ?

....

2. Napoléon Ier a conquis une grande partie de l'Europe. Quelles sont les années de début et de fin du Premier Empire ?

....

3. À quelle date Hitler envahit-il la Pologne (mois et année) ?

....

4. À quelle date est créée la Communauté économique européenne ?

....

5. En quelle année a été signé le traité de Maastricht ?

....

LIMOGES
JUIN 2000 • SÉRIES COLLÈGE ET TECHNOLOGIQUE

▶ **1.** Écrivez le nom de chaque personnage.
▶ **2.** Reliez chaque personnage au document correspondant.

▶ **3.** Écrivez ci-dessous, en face des numéros correspondants :

• Les noms des États

1 : ....

2 : ....

• Les noms des villes

3 : ....

4 : ....

• Les noms des chaînes de montagnes

5 : ....

6 : ....

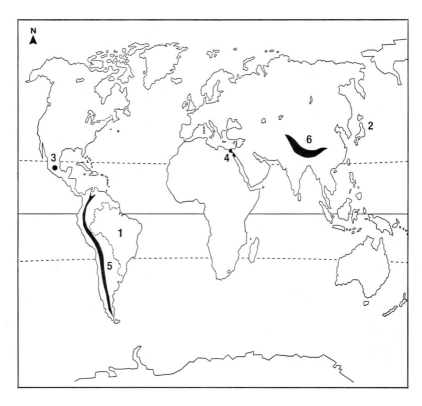

230 | EXERCICES DE REPÉRAGE

NANTES
JUIN 2000 • SÉRIES COLLÈGE ET TECHNOLOGIQUE

▶ **1.** En quelle année a commencé et en quelle année s'est terminée la guerre d'Algérie ?

....

▶ **2.** Quel empire a disparu en 1453 avec la chute de Constantinople ?

....

▶ **3.** Sur la carte de France, écrivez près des points correspondants les noms des villes suivantes : Nantes, Paris, Toulouse, Strasbourg.

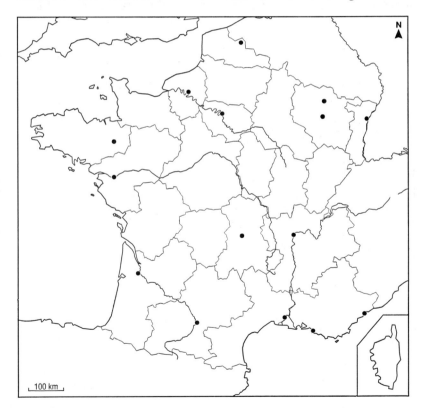

POITIERS
JUIN 2000 • SÉRIE COLLÈGE

▶ **1.** Localisez sur la carte les deux monuments en reportant leur numéro :

1   2

▶ **2.** Situez sur la carte en écrivant leur nom :
détroit de Gibraltar, mer Noire, mer du Nord
Coloriez et nommez sur la carte les quatre États de l'Union européenne :
Espagne, Suède, Autriche, Belgique.

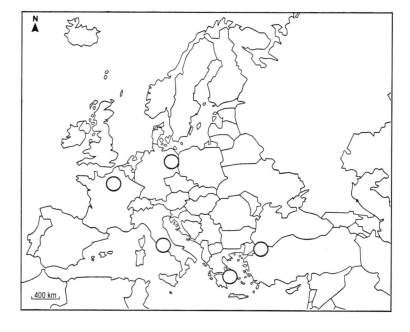

▶ **3.** Sur la frise chronologique ci-dessous, placez les trois événements suivants en reportant les numéros :
— l'éclatement de l'URSS ① ;
— le traité de Rome ② ;
— le plan Marshall ③.

84	RENNES	❏
	JUIN 2000 • SÉRIE COLLÈGE	

Complétez les cases en inscrivant vos réponses sur les pointillés :

Apogée d'Athènes

Siècle : ....

Nom du temple : ....

....

Invention du XVe siècle

Invention : ....

Inventeur : ....

....

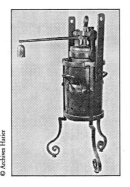

La machine à vapeur

Siècle : ....
Inventeur : ....
....

Le vaccin contre la rage

Date (année) : ....
Inventeur : ....
....

Appel de Londres
à la résistance française

Date (jour, mois, année) :
....
Auteur : ....

Traité créant l'Europe des Six

Lieu : ....
Date du traité : ....

RENNES

JUIN 2000 • SÉRIE TECHNOLOGIQUE

Trois grands fleuves en Europe.

▶ **1.** Inscrivez, dans les cadres sur la carte, le nom des trois fleuves tracés.
▶ **2.** Inscrivez, dans les cadres sur la carte, le nom des trois mers dans lesquelles ils se jettent.
▶ **3.** Deux de ces fleuves prennent leur source dans la même chaîne de montagnes.
Inscrivez ici le nom de cette chaîne de montagnes :

....

▶ **4.** Inscrivez, dans les cadres sur la carte, les deux villes situées sur ces deux fleuves et indiquées par les points noirs.

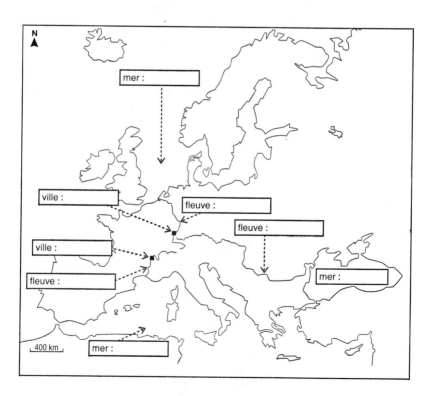

Document 1

Document 2 François Mitterrand, président de la République

Document 3

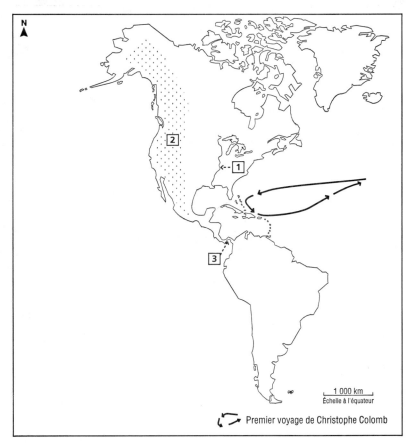

Premier voyage de Christophe Colomb

Questions	Réponses	Points
1. Datez les documents 1 et 2.	Document 1 :	1
	Document 2 :	1
2. Quelle est la date de l'événement représenté sur le document 3 ?		1
3. Quels sont les trois repères spatiaux qui sont indiqués par un chiffre sur le document 3 ?	1 - Fleuve :	1
	2 - Chaîne de montagnes :	1
	3 - Isthme :	1
	Total	6

87 AFRIQUE
JUIN 2000

▶ **1.** Quel grand État éclate en 1991 ? ....
▶ **2.** En 1848, la Seconde République prend une décision importante pour ses colonies : laquelle ?
....

▶ **3.** Sur le planisphère, écrivez à leur juste place les noms des quatre chaînes de montagnes suivantes : Himalaya, Rocheuses, Andes, Alpes.

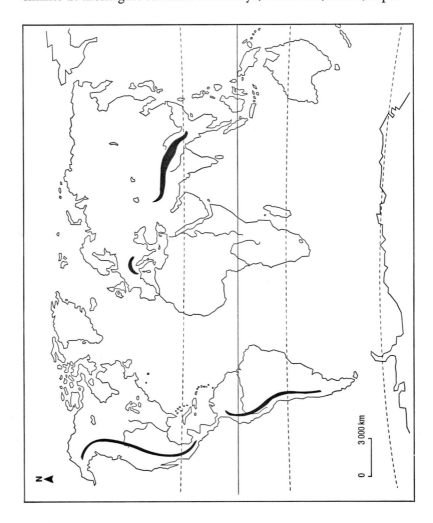

238 | EXERCICES DE REPÉRAGE

AMÉRIQUE DU NORD
JUIN 2000

▶ Un professeur d'histoire-géographie d'un collège de Strasbourg organise un voyage pédagogique avec sa classe. Le déroulement prévu est le suivant :
– Départ du collège le lundi matin.
– 2 jours à Lyon avec visite de différents monuments et visite d'une exposition intitulée « Les débuts de la machine à vapeur ».
– Le jeudi, visite du site de la bataille d'Alésia.
– Retour au collège le vendredi.
Ce voyage fait allusion à quelques repères à connaître :
1) Sur la carte ci-dessous, placez Strasbourg à côté du point qui convient.

2) Alésia est une célèbre bataille :

– Quelle est la date de cette bataille ? ....

– Quel est le nom du général qui remporte la victoire à Alésia ?

....

3) À propos de la machine à vapeur :
– Quel est le nom de l'inventeur qui, dans la deuxième moitié du XVIIIe siècle, a mis au point et perfectionné la machine à vapeur ?

....

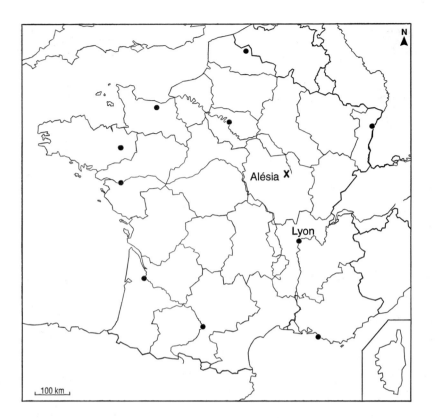

ASIE
JUIN 2000

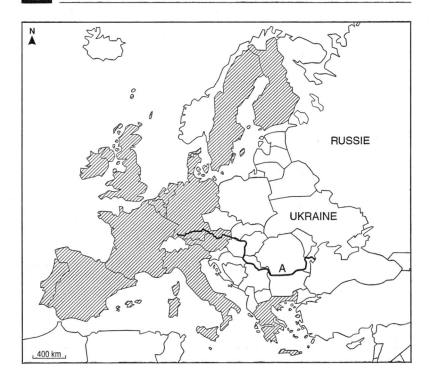

Questions	Réponses	Points
1. À quelle date et à l'occasion de quel événement apparaissent les États qui sont nommés sur la carte ?	Date : Événement :	1
2. Citez et datez un traité international concernant les États en hachures.		1
3. Nommez le fleuve A, la mer dans laquelle il se jette et les deux États de l'Union européenne qu'il traverse.	Fleuve : Mer : État : État :	1 1 1 1
	Total	6

Comment la population est-elle répartie sur la Terre ?

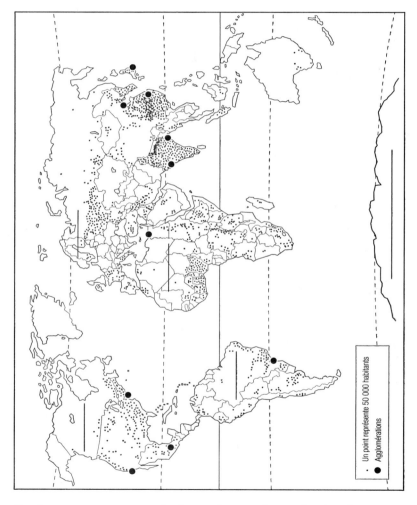

Sur la carte, entourer trois foyers de très fortes densités humaines.
(1,5 point)

Placer sur la carte les chiffres correspondants aux villes suivantes : *(3 points)*
1. New York
2. São Paulo
3. Tokyo

Sur la carte, indiquer sur le trait correspondant : *(1,5 point)*
– le Sahara
– l'Amazonie
– le Canada

91 RÉUNION, MADAGASCAR JUIN 2000

▶ Se repérer dans le temps *(2 points)*
Indiquer quelles sont, parmi les huit dates suivantes, celles des quatre événements ci-dessous :
– Dates : IVe millénaire avant J.-C. ; Ve siècle avant J.-C. : 622 ; 1453 ; 1789 ; 1848 ; 1933 ; 1957.
– Evénements :
– Chute de Constantinople : ....
– Hitler, chancelier : ....
– Seconde République (abolition de l'esclavage dans les colonies françaises, suffrage universel) : ....
– Naissance de l'écriture : ....
▶ Se repérer dans l'espace *(4 points)*
Placez sur le fond de carte :
– les villes suivantes : Londres, Rome, Madrid, Copenhague ;
– les pays suivants : Suède, Irlande, Grèce, Allemagne.

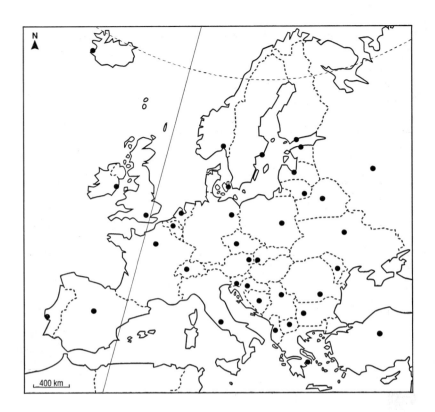

PONDICHÉRY
SESSION 2000

▶ Associez à chaque image les événements ou les dates correspondants. Inscrivez vos réponses sur les pointillés.

Date : XIIIe siècle

Événement : ....
....

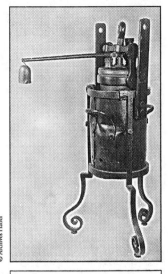

Date : deuxième moitié du XVIIIe siècle

Événement : ....
....

Événement : armistice de la Première Guerre mondiale

Date (jour, mois, année) :

....

Date : janvier 1933
Événement : ....
....

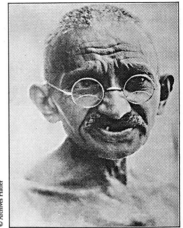

Ghandi (1869-1948).

Événement : indépendance de l'Inde
Date : ....

Date : 1992
Événement : ....
....

93 POLYNÉSIE
JUIN 2000 • SÉRIE COLLÈGE

▶ Complète le tableau suivant l'exemple :

Date	Événement	Lieu
VIIIᵉ millénaire av. J.-C.	Naissance de l'agriculture	Mésopotamie
	Dernière terre peuplée par les Polynésiens	
5 mars 1797		
22 septembre 1914		
18 juin 1940		
	Création de la CEE	
		Maastricht

94 POLYNÉSIE
JUIN 2000 • SÉRIE TECHNOLOGIQUE

▶ Sur le planisphère, écrivez les noms des océans (dans les trois rectangles) et les noms des trois lignes imaginaires.

Dans le tableau ci-dessous : en vous aidant du planisphère, redonnez le numéro correct correspondant à chacun des six pays suivants :

Pays	Numéro
Égypte	....
Australie	....
Polynésie française	....
États-Unis	....
Japon	....
France	....

EXERCICES DE REPÉRAGE | 247

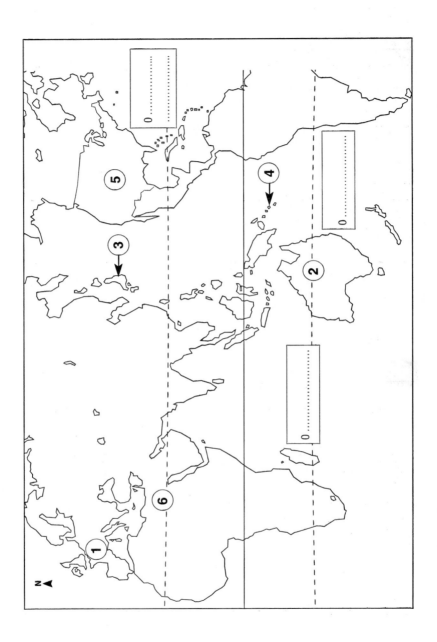

GUADELOUPE-GUYANE-MARTINIQUE
JUIN 2000 • SÉRIE COLLÈGE

▶ Donner l'année qui concerne les deux événements suivants *(2 points)* :
Prise de Grenade et découverte de l'Amérique : ....

Sur le planisphère, localiser *(2 points)* :
– le Gange ;
– le Chang Yiang ;
– le Nil ;
– le Congo.

Localiser *(2 points)* :
– Calcutta ;
– Bombay ;
– Pékin ;
– Shanghai.

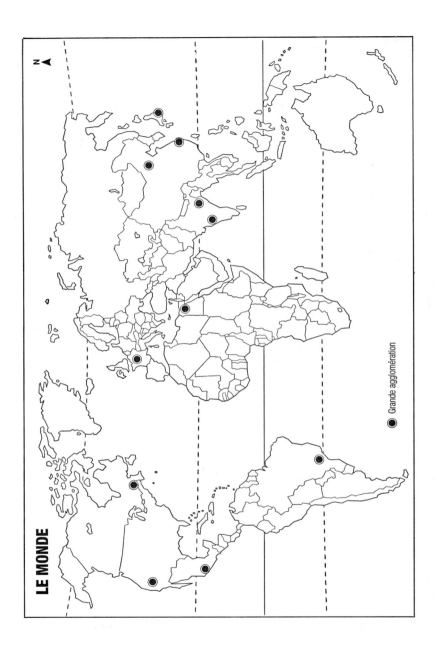

96 GRÈCE, TUNISIE
JUIN 2000 • SÉRIE COLLÈGE

▶ Classez les régimes politiques dans l'ordre chronologique et précisez les dates de chaque régime dans le tableau ci-dessous :

1. IVe République
2. Monarchie constitutionnelle en France
3. Second Empire (Napoléon III)

Régimes classés dans l'ordre chronologique	Dates
1.	
2.	
3.	

Indiquez dans le tableau le nom des États dont les capitales sont :

Capitales	États
Dublin	
Berlin	
Madrid	

Annexes

Lexique

A

Accroissement migratoire	Différence entre le nombre d'immigrants et le nombre d'émigrants dans un territoire.
Accroissement naturel	Différence entre le taux de natalité et le taux de mortalité d'une population au cours d'une année.
Actif	Personne qui a ou cherche un emploi rémunéré.
Action	Part du capital d'une entreprise cotée en Bourse.
Aéronautique	Qui concerne la navigation aérienne, l'aviation.
Agglomération	Ensemble urbain constitué d'une ville et de ses banlieues.
Agro-alimentaire	L'industrie agro-alimentaire transforme les produits agricoles en produits industriels de consommation.
Agrobusiness	Ensemble des activités liées à la production, la transformation, la distribution des produits de l'agriculture.
ALENA	Accord de libre-échange nord-américain, regroupant le Canada, les États-Unis, le Mexique.
Allocution	Discours bref fait par une personnalité ; il est souvent radiodiffusé ou radiotélévisé.
Altitude	Mesure de la hauteur d'un lieu par rapport au niveau de la mer.
Aménagement du territoire	Mesures prises par un État pour atténuer les disparités entre les régions.
Amplitude thermique	Différence entre la température la plus élevée et la température la plus basse.
Années folles	Nom donné aux années 1920, pendant lesquelles certains veulent oublier la guerre et profitent d'une société de consommation naissante.
ANPE	Agence nationale pour l'emploi.
Antisémitisme	Doctrine ou attitude d'hostilité et de discrimination envers les juifs ; c'est une forme particulière de racisme.
Aquaculture	Élevage en bassins des crustacés, des coquillages, des poissons, ou culture de végétaux aquatiques.
Arbitrage	Règlement d'un différend entre plusieurs personnes.
Arc atlantique	Régions de la façade atlantique des îles Britanniques, de France, d'Espagne, du Portugal.
Aridité	Déficit en eau lié à l'insuffisance des précipitations.
Armistice	Accord conclu entre les gouvernements d'États en guerre pour suspendre les combats.
Aryen	Terme utilisé par les nazis pour désigner les peuples d'Europe du Nord, considérés par eux comme la race supérieure.
Assemblée constituante	Assemblée chargée de préparer la constitution d'un État, c'est-à-dire de définir son régime politique.

Assemblée nationale	Nom donné à une des deux Chambres du Parlement français ; elle est formée des députés qui siègent au Palais-Bourbon.
Autarcie	Absence d'échanges avec l'étranger.
Autocratie	Mot utilisé pour désigner le régime politique où le pouvoir appartient à un seul homme, par exemple en Russie le tsar.
Autodétermination	Choix du régime politique et économique d'un pays par ses habitants.
Autonomie	Situation d'une colonie qui s'administre elle-même tout en restant dépendante de la métropole.
Autosuffisance	Situation d'un pays qui se suffit à lui-même, qui n'a pas besoin d'importer.
Axe	Nom donné à l'alliance signée en octobre 1936 entre l'Italie de Mussolini et l'Allemagne d'Hitler.
Axe de circulation	Ligne sur laquelle sont concentrés plusieurs moyens de transporter les hommes, les marchandises, les informations.

B

Baby boom	Forte reprise de la natalité dans les pays industrialisés après la Seconde Guerre mondiale.
Balance commerciale	Différence entre la valeur des importations et des exportations de marchandises d'un État ; elle peut être **équilibrée** (importations = exportations), **excédentaire** (exportations supérieures aux importations), ou **déficitaire** (importations supérieures aux exportations).
Balance des paiements	Elle complète la balance commerciale ; elle ne tient pas seulement compte de la valeur des marchandises, mais aussi des mouvements de capitaux, de la balance des services.
Banlieue	Zone bâtie entourant une ville.
Belt	En américain « ceinture ». On parle aux États-Unis de la *Corn Belt* spécialisée dans la production de maïs, mais aussi de la *Sun Belt*, ceinture du soleil, qui désigne les États du Sud et de l'Ouest, aux activités attractives, et de la *Manufacturing Belt*, ceinture industrielle, désignant la région entre les grands lacs et Mégalopolis.
Bidonville	Quartier d'une ville construit avec des matériaux de récupération.
Biens de consommation	Produits industriels et agricoles servant à la vie quotidienne d'une population ; par exemple : vêtements, appareils électroménagers, automobiles, produits alimentaires.
Biens d'équipement	Produits industriels servant à équiper un pays ; par exemple : machines, camions, bâtiments industriels et commerciaux.
Blocs	En Europe, espaces séparés par le rideau de fer, dominés à l'Ouest par les États-Unis, à l'Est par l'URSS. Ils se constituent entre 1947 et 1949, et disparaissent en 1989-1990.
Blocus	Action d'isoler un territoire en le coupant de toute relation avec l'extérieur.
Bolchevik	Les bolcheviks sont les partisans de Lénine, devenus « majoritaires » dans le Parti. À partir de 1917, le nom est synonyme de communiste.

Boom	Mot américain évoquant une augmentation soudaine et importante, utilisé dans les expressions « baby boom », « boom économique ».
Bourse	Lieu où s'échangent les actions des sociétés, où s'établit le cours de certains produits.
Bovin	De l'espèce du bœuf.
Boycott	Refus d'acheter un produit.

C

CAEM	Conseil d'aide économique mutuelle, créé autour de l'URSS en 1949, organisant les relations économiques entre l'URSS et les démocraties populaires, appelé aussi COMECON.
Capitalisme	Système économique fondé sur la propriété privée des moyens de production et d'échanges, et sur la loi de l'offre et de la demande.
Casques bleus	Soldats constituant la force armée des Nations unies.
CBD	Central Business District, quartier central des affaires dans les villes américaines, constitué de gratte-ciel.
CEE	Communauté économique européenne, créée entre six États d'Europe par le traité de Rome en 1957. C'est depuis 1995 l'Europe des 15, l'Union européenne.
Censure	Contrôle, parfois interdiction, d'un texte, d'un film, d'une œuvre, d'un journal.
Cessez-le-feu	Arrêt des combats.
Choc pétrolier	Augmentation brutale du prix de vente du pétrole par l'Organisation des pays exportateurs de pétrole (OPEP) ; le premier a eu lieu en 1973.
Citoyen	Toute personne qui jouit de l'ensemble de ses droits politiques (droit de vote, d'éligibilité) et civils (se marier, travailler, être propriétaire).
Civisme	Action de respecter la loi et d'avoir conscience de ses devoirs.
Classe creuse	Groupe de population d'un même âge en nombre restreint par rapport aux autres groupes.
Classe sociale	Ensemble de personnes ayant en commun une même situation économique, un même genre de vie.
CNR	Conseil national de la Résistance, créé en 1943, dont Jean Moulin fut le premier président.
Coexistence pacifique	Nom donné par Khrouchtchev en 1956 à des relations moins agressives entre URSS et États-Unis.
Cohabitation	En France, présence simultanée à la tête de l'État d'un président de la République et d'un Premier ministre de partis politiques opposés.
Collaboration	Attitude de ceux qui, pendant la Seconde Guerre mondiale, ont aidé les occupants nazis, et parfois souhaité leur victoire définitive.
Collectivisation	Suppression de la propriété privée ; celle-ci est remise à la collectivité.

Colonisation	Peuplement, mise en valeur, exploitation d'un territoire, la colonie, annexée par une puissance étrangère, la métropole.
Commerce extérieur	Commerce d'un État avec d'autres États. Synonyme d'importations et exportations.
Communisme	Système caractérisé par la propriété collective des moyens de production et d'échanges, par la disparition des classes sociales et de l'État. N'a pas aujourd'hui de réalisation concrète.
Congrès	Aux États-Unis, le Congrès est constitué du Sénat et de la Chambre des députés, élus. Il a le pouvoir législatif, il vote les lois et le budget. En France, le mot désigne la réunion exceptionnelle des députés et des sénateurs pour réviser la Constitution.
Constitution	Texte fixant le fonctionnement du régime politique d'un État.
Conurbation	Ensemble d'agglomérations dont les banlieues se rejoignent.
Cours	Prix de vente et d'achat des actions à la Bourse, établi selon la loi de l'offre et de la demande.
Creuset	Mot utilisé pour désigner aux États-Unis le mélange, le brassage des différentes composantes ethniques de la population. Synonyme de *melting pot*.
Crime contre l'humanité	Persécution, déportation, assassinat, extermination, et tout acte inhumain envers des populations civiles, pour des motifs politiques, religieux, raciaux ; crime défini pour la première fois lors du procès de Nuremberg en 1946-1947.

D

Décentralisation	Transfert des activités d'une entreprise dans une région périphérique.
Décolonisation	Acquisition par une colonie de son indépendance par rapport à la métropole.
Décret	Décision écrite prise par le pouvoir politique.
Demande	Terme synonyme de consommation, ou de volonté d'achat.
Démocratie	Régime politique fondé sur la reconnaissance des libertés, où tous les citoyens peuvent participer à la vie politique directement ou en élisant librement leurs représentants.
Démographie	Étude de la composition, de la répartition, de l'évolution d'une population.
Densité	Nombre d'habitants par kilomètre carré.
Déportation	Déplacement imposé par la contrainte à des populations, pour des raisons politiques ou racistes ; ces populations sont regroupées dans des camps.
Désenclavement	Développement des moyens de communication pour rompre l'isolement d'un territoire.
Désinformation	Diffusion d'informations fausses ou déformées afin de cacher la véritable information.
Détente	Nom donné à la période des relations internationales de 1968 à nos jours. Elle se caractérise par une volonté de dialogue entre l'URSS (puis la Russie) et les États-Unis.

Devise	Monnaie étrangère reconnue sur le marché international.
Dévaluation	Baisse de la valeur d'une monnaie par rapport aux monnaies étrangères.
Dirigisme	En système capitaliste, intervention de l'État dans la vie économique.
Dictature	Régime où tous les pouvoirs sont concentrés entre les mains d'un seul homme ou d'un parti. Le plus souvent, ce pouvoir s'impose par la force.
Dry-farming	Cultures de terres insuffisamment arrosées sans recours à l'irrigation.

E

Élections législatives	Élections des députés.
Élevage hors sol	Élevage très intensif en milieu clos, sans liaison avec l'agriculture locale ; le bétail, porcs et volailles surtout, est nourri avec des fourrages, des céréales achetés, des aliments industriels. Cet élevage est totalement intégré au complexe agro-industriel.
Embargo	Blocus commercial, refus de vendre ou d'acheter.
Énergie	Ensemble des forces qui produisent un travail. Les principales sources d'énergie sont aujourd'hui le charbon, les hydrocarbures, l'électricité.
Équipement de base	Voir biens d'équipement.
Espérance de vie	Nombre moyen d'années de vie d'une personne dans un pays.
Eurotunnel	Nom donné à la société franco-britannique ainsi qu'au tunnel de 50 km qu'elle a creusé sous la Manche entre la France et le Royaume-Uni.
Exploitation agricole	Ensemble des terres mises en valeur par un agriculteur.
Exportation	Vente des produits d'un État vers l'étranger.
Extensif	Un élevage, une agriculture sont extensifs quand ils obtiennent de bas rendements à l'hectare, qu'ils engagent très peu de moyens en hommes ou en matériel, ou n'occupent pas totalement le sol.

F

Faire-valoir direct	Mode d'exploitation agricole où le propriétaire met lui-même ses terres en valeur.
Fascisme	Dictature mise en place par Mussolini en Italie en 1922.
Fédéral	Un État fédéral est divisé en plusieurs États disposant d'une certaine autonomie ; la capitale est le siège du gouvernement fédéral.
Fermage	Mode d'exploitation agricole où l'exploitant loue les terres qu'il cultive.
FFI	Forces françaises de l'intérieur, nom donné aux soldats français de la Résistance intérieure à partir de février 1944.

FFL	Forces françaises libres, nom donné aux soldats français combattant sous les ordres du général de Gaulle pendant la Seconde Guerre mondiale.
Flux migratoire	Déplacement de population soit à l'intérieur d'un État, soit d'un État à un autre État.
FMI	Fonds monétaire international, créé en 1944 pour fournir une aide aux pays pauvres.
Francophone	Qui parle la langue française.
Friche	Espace abandonné par l'agriculture ou par l'industrie.
Front	Ligne des positions les plus avancées occupée par une armée face à son adversaire.
Front populaire	Union signée en 1935 par les partis de gauche français. Le Front populaire est au pouvoir en France de 1936 à 1938.

G

G8	Groupe des huit pays les plus industrialisés (États-Unis, Japon, Allemagne, France, Canada, Royaume-Uni, Italie, Russie).
GAEC	Groupement agricole d'exploitation en commun.
GATT	General Agreement on Tariffs and Trade. Accord général sur les tarifs douaniers et le commerce, signé en 1947, dans le but de favoriser le libre-échange.
Gazoduc	Conduite servant au transport du gaz.
Génocide	Destruction systématique, volontaire, d'un peuple.
Gestapo	Police politique de l'Allemagne nazie.
Ghetto	Quartier où vit une communauté, séparée du reste de la population.
Goulag	Nom donné aux camps de déportation en URSS.
Gouvernement	Pouvoir qui dirige un État.
Guérilla	Guerre menée par de petits groupes qui harcèlent une armée.
Guerre froide	Tension entre les blocs soviétique et américain, n'allant pas jusqu'au conflit armé ; elle débute en 1946.

H

Harkis	Algériens utilisés, pendant la Guerre d'Algérie, par l'armée française pour lutter contre le FLN.
Héliotropisme	Attirance exercée par les régions ensoleillées.
Hispanique	Nom donné aux États-Unis à la population venue d'Amérique latine, parlant espagnol.
Hydrocarbures	Pétrole et gaz naturel.
Hydroélectricité	Énergie électrique produite grâce à la force de l'eau.

I

Idéologie	Ensemble des idées, des croyances d'un groupe social, ou d'une époque.

IDH	Indice de développement humain, calculé en intégrant l'espérance de vie à la naissance, le pourcentage d'alphabétisation des adultes, le niveau de vie.
Impérialisme	Attitude d'un État cherchant à mettre sous sa dépendance un autre État ; cette dépendance peut être politique, économique, culturelle, militaire.
Importation	Achat de produits étrangers par un État.
Industrie	Ensemble des activités de transformation afin de produire des biens matériels ; l'industrie forme le secteur secondaire.
Industries de point	Industries liées aux apports récents de la recherche, comme l'aéronautique ou l'électronique.
Inflation	Hausse des prix.
Infrastructure	Équipement nécessaire à la mise en valeur d'un territoire : moyen de transport, port, etc.
INSEE	Institut national de la statistique et des études économiques ; il est chargé par exemple d'organiser les recensements.
Intolérance	Attitude hostile à l'égard de ceux qui ont des opinions différentes.
Isolationnisme	Attitude d'un État qui consiste à s'isoler du reste du monde, à se replier sur soi, particulièrement sur le plan diplomatique.

J

Jachère	Terre au repos avant une nouvelle culture.
Juif	Personne descendant du peuple hébreu, pratiquant ou non la religion juive.

K

Kereitsu	Grande entreprise japonaise qui regroupe, autour d'une banque, des structures de production, et de commercialisation.
KGB	Services de sécurité soviétiques, chargés du renseignement et du contre-espionnage à l'intérieur et à l'extérieur de l'URSS.
Kolkhoze	Coopérative de production agricole regroupant les terres, les outils, le bétail d'un village en URSS. Le directeur est élu, les paysans sont payés en partie par un salaire, en partie par le partage des bénéfices.
Koulak	Paysan relativement aisé, possédant une terre, avant la collectivisation de 1928 en URSS.
Krach	Mot allemand signifiant « craquement », « effondrement », par exemple des cours de la Bourse.
Kremlin	Siège, à Moscou, sur la place Rouge, du Soviet suprême et du PC de l'URSS, autrefois résidence des tsars.

L

Laïcité	Principe de séparation entre l'État et les Églises.
Latitude	Position géographique (nord ou sud) par rapport à l'équateur.
Libéralisme économique	En système capitaliste, non-intervention de l'État dans la vie économique.

Ligne de démarcation	Nom donné, de 1940 à 1942, à la ligne séparant la France en deux, au nord, la zone occupée par les Allemands, au sud, la zone « libre ».
Ligue	Association dans un but politique ou humanitaire.
Limitrophe	Qui a une limite, une frontière commune.
Littoral	Contact entre la terre et la mer ; synonyme de côte.
Longitude	Position géographique (est ou ouest) d'un point par rapport au méridien de Greenwich.

M

Majorité absolue	Elle exige de réunir la moitié des suffrages exprimés, plus un, pour être élu.
Mandat	Fonction de membre élu d'un Parlement ; nom aussi donné en 1919 à la mission confiée à un État d'assister ou d'administrer certains territoires.
Manufacturing Belt	Nom donné aux États-Unis à la région du Nord-Est industriel.
Maquis	Formation végétale méditerranéenne, constituée d'arbustes serrés, qui a donné son nom aux groupes de résistants opérant contre l'ennemi dans des régions d'accès difficile.
Matières premières	Produits extraits du sous-sol ou fournis par l'agriculture, la mer, la forêt, et utilisés par l'industrie pour fabriquer des produits finis.
Médias	Moyens de communication de masse ou supports des diffusions massives d'informations comme presse, radio, TV...
Mégalopole	Ensemble de grandes villes proches les unes des autres.
Mégalopolis	Nom donné aux États-Unis à la conurbation géante qui s'étend sur la côte atlantique de Boston à Washington et rassemble plus de 50 millions d'habitants.
Melting pot	Désigne aux États-Unis le creuset, le mélange, de toutes les nationalités qui ont constitué la nation américaine.
Méridien	Ligne imaginaire joignant les pôles.
Métropole	État possédant des colonies : le mot désigne aussi une très grande agglomération jouant un rôle d'animation régionale.
Migration	Déplacement de population. Elle peut être définitive ou temporaire. L'**émigration** consiste à quitter un territoire, l'**immigration** à y rentrer.
Milice	Groupement paramilitaire de Vichy, collaborant avec les nazis.
Minorité	Groupe humain qui se distingue de la population majoritaire d'un État par la langue, la culture, etc.
MITI	Ministère de l'Industrie et du commerce international du Japon.
Mobilisation	Mise en état de guerre des forces militaires, économiques d'un État.
Monoculture	Utilisation du sol par une seule culture.
Monopole	Situation où une seule entreprise vend ou produit.
Motion de censure	En France, c'est un vote de l'Assemblée nationale qui met en cause le gouvernement et le contraint à démissionner si elle obtient la majorité.

Multinationale	Entreprise contrôlant des unités de production dans plusieurs États.
Mutinerie	Révolte contre l'autorité militaire.

N

Nation	Ensemble de personnes ayant conscience d'appartenir à un même groupe.
Nationalisation	Passage dans le domaine public d'une entreprise privée.
Nationalisme	Exaltation de la nation à laquelle on appartient.
Nazisme	Dictature mise en place en Allemagne par Hitler à partir de 1933. Contraction du mot national-socialisme.
Neutralité	Refus d'appartenir à un bloc, de participer à une guerre.
NSDAP	Parti national socialiste des travailleurs allemands = parti nazi.
NPI	Nouveau pays industriel ; désigne les petits États d'Asie en forte croissance économique grâce à l'essor de leur industrie, appelés aussi « dragons ».

O

OAS	Organisation de l'armée secrète, mouvement clandestin voulant empêcher, à partir de 1961, par des actes terroristes, l'indépendance de l'Algérie.
Occupation	Nom donné en France à la période 1940-1944 pendant laquelle les troupes allemandes occupent la France.
Oléoduc	Conduite servant au transport du pétrole.
ONU	Organisation des Nations unies, créée en 1945 pour préserver la paix dans le monde.
ONG	Organisation non gouvernementale, généralement spécialisée dans la défense des droits de l'homme ou l'aide aux pays du « Sud ».
OPEP	Organisation des pays exportateurs de pétrole, créée en 1960 pour protéger les revenus des pays exportateurs en fixant le prix de vente du pétrole.
Opinion publique	Opinion communément partagée par les différents éléments d'une société.
OTAN	Organisation du traité de l'Atlantique Nord ; alliance militaire créée en 1949 entre les États-Unis, le Canada et l'Europe de l'Ouest.
Ovin	De l'espèce du mouton.

P

PAC	Politique agricole commune aux États de l'Union européenne, mise en place par le traité de Rome.
Parc naturel	Espace naturel délimité afin d'être préservé, protégé, où la flore et la faune sont sauvegardées.
PCF	Parti communiste français, né de la division de la gauche française au congrès de Tours en 1920.
Pénurie	Manque de ce qui est nécessaire.

Perestroïka	Mot russe signifiant « restructuration » ; c'est l'ensemble des réformes entreprises en URSS, à partir de 1985, à l'initiative de Mikhaïl Gorbatchev, pour tenter d'améliorer le système économique.
Périphérie	Espace dominé par un centre.
Périurbain	Tout ce qui est autour de la ville. Les périurbains vivent dans des communes rurales proches de la ville à laquelle ils restent liés pour le travail et par leur mode de vie.
Pétrochimie	Chimie du pétrole et de ses dérivés.
Pionnier	Colon qui s'installe sur des terres non habitées, qui les défriche.
Plan Marshall	Plan proposé en 1947 par les États-Unis pour aider les États européens à reconstruire les économies dévastées par la guerre. Le plan porte le nom du général américain alors secrétaire d'État aux Affaires étrangères.
Plan quinquennal	Définition des objectifs économiques à atteindre pour cinq ans.
Pluralisme politique	Existence de plusieurs partis politiques.
PMA	Pays les moins avancés, les États les plus pauvres du monde, situés pour la plupart en Afrique.
PME	Petites et moyennes entreprises (moins de 500 salariés).
Poilu	Surnom donné aux soldats français pendant la guerre 1914-1918.
Pôle de développement	Lieu qui attire les migrations, les clients, les flux.
Politburo	En URSS, bureau politique du comité central du PC. Il assure la direction du Parti.
Polyculture	Utilisation du sol par plusieurs cultures.
Population active	Ensemble des personnes qui ont ou qui cherchent un emploi rémunéré.
Pouvoir exécutif	Pouvoir de faire appliquer les lois.
Pouvoir législatif	Pouvoir de rédiger, discuter et voter les lois.
Privatisation	Transfert d'une entreprise publique dans le secteur privé.
Production de masse	Production destinée par ses volumes et ses prix à une multitude d'acheteurs, à la majorité de la population.
Productivité	Rapport entre la valeur d'une production et le temps mis pour l'obtenir.
Prolétariat	Classe des hommes qui ne possèdent rien, qui n'ont pour vivre que leur salaire.
Propagande	Action de vanter des idées ou une personne, en utilisant tous les moyens d'information.
Pyramide des âges	Graphique représentant la composition par âges et sexes d'une population.

Q

Quota	Pourcentage déterminé.

R

Racisme	Doctrine selon laquelle certains groupes humains seraient inférieurs aux autres.
Recensement	Enquête statistique permettant de connaître les caractéristiques démographiques d'une population.
Reconversion	Changement d'activité d'une entreprise ou d'une région afin que la population reste sur place.
Redéploiement industriel	Réorganisation dans l'espace des activités d'une entreprise.
Référendum	Consultation des électeurs au suffrage universel sous forme d'une question précise posée par le président de la République. Les citoyens répondent par oui ou non.
Régime de Vichy	Nom donné au gouvernement du maréchal Pétain résidant à Vichy de 1940 à 1944.
Régionalisation	Nom donné à la politique de transfert d'une partie des pouvoirs de décision de l'État à des collectivités locales.
Reichstag	En Allemagne, Chambre des députés, de 1866 à 1933. C'est aussi le nom du bâtiment de Berlin où celle-ci se réunissait.
Rendement	En agriculture, quantité produite par hectare cultivé. Plus généralement, produit obtenu par rapport à l'investissement.
Réseau	Ensemble de voies de communication reliées les unes aux autres, ou de villes entretenant des relations.
Résistance	Réunion de tous ceux qui refusent la défaite militaire de la France en 1940, rejettent l'occupation nazie et la collaboration du régime de Vichy.
Restructuration	Réorganisation.
Rideau de fer	Expression utilisée dès 1946 par Churchill pour désigner la frontière étanche en Europe entre les deux blocs.
RMI	Revenu minimum d'insertion créé en 1989 pour assurer un minimum de ressources aux chômeurs.

S

SAU	Surface agricole utilisée.
Scrutin	Ensemble des opérations électorales.
SDN	Société des nations, créée en 1919 en vue de maintenir la paix par la coopération internationale.
SDF	Sans domicile fixe, personne sans logement permanent, sans emploi.
Secteurs d'activité	La population active est divisée en trois secteurs. Le secteur **primaire** regroupe les activités liées directement à l'exploitation du milieu naturel : agriculture, pêche, activités forestières et mines. Le secteur **secondaire** regroupe les activités industrielles. Le secteur **tertiaire** regroupe toutes les autres activité, essentiellement les services.
SFIO	Section française de l'Internationale ouvrière, nom du Parti socialiste français de 1905 à 1971.
Sidérurgie	Métallurgie du fer, de la fonte, de l'acier.

SMIG-SMIC	Salaire minimum interprofessionnel garanti, créé en 1950, devenu Salaire minimum interprofessionnel de croissance en 1970 ; salaire horaire minimum défini par la loi.
Shinkansen	Train à grande vitesse au Japon.
Socialisme	Système économique où les moyens de production et d'échanges appartiennent à l'État.
Solde naturel	Différence, au cours d'une période, entre le nombre de naissances et de décès. Il est différent du solde **migratoire** qui fait la différence entre immigration et émigration.
Soviet	Conseil élu par les ouvriers, les paysans, les soldats, au moment des révolutions russes de 1917.
Soviet suprême	Nom donné en URSS au Parlement.
Sovkhoze	En URSS, ferme d'État où les paysans sont salariés ; le directeur est nommé.
Spéculation en Bourse	Opération financière qui consiste à acheter en Bourse des actions quand leur cours est bas et à les revendre quand leur cours est en hausse.
Stakhanovisme	Encouragement, par la propagande, à accroître la production dans l'URSS de Staline.
Station thermale	Lieu fréquenté par des personnes qui utilisent les qualités des eaux de source dans un but médical ; on parle parfois de ville d'eau.
STO	Service du travail obligatoire institué en France pendant la Seconde Guerre mondiale pour fournir de la main-d'œuvre à l'Allemagne.
Suffrage universel	Droit de vote pour tous. Il peut être direct (l'ensemble des citoyens participe à l'élection) ou indirect (les élus sont désignés par d'autres élus).
Sun Belt	« Ceinture du soleil «, nom désignant les États du sud et de l'ouest des États-Unis, aux activités attractives.
Synagogue	Lieu de culte des juifs.

T	
Taux de fécondité	Nombre de naissances rapporté au nombre de femmes en âge d'avoir des enfants (15-49 ans). Il doit être supérieur à 2,1 pour assurer le renouvellement des générations.
Taux de natalité	Nombre de naissances annuelles pour 1 000 habitants.
Taux de mortalité	Nombre de décès annuels pour 1 000 habitants.
Technopôle-technopole	Le technopôle est un parc d'activités associant recherche et industries de haute technologie, le plus souvent dans un cadre agréable ; la technopole est une agglomération intégrant des technopôles.
TEP	Tonne équivalent pétrole, unité de mesure commune aux sources d'énergie, correspondant à l'énergie fournie par une tonne de pétrole.
TGV	Train à grande vitesse ; le TGV Sud, le TGV Atlantique et le TGV Nord sont opérationnels en France.

Tolérance	Respect de l'autre dans ses différences.
Totalitarisme	Régime politique dans lequel l'État contrôle toute la vie politique, économique, culturelle de la population, par l'emploi de la terreur et de l'embrigadement.
Tourisme	Ensemble des déplacements de loisirs dans un lieu autre que celui où on vit habituellement.
Trente Glorieuses	Nom donné par un économiste français à la période qui va de 1946 au milieu des années 1970 ; elle est caractérisée par un développement économique sans précédent, surtout dans les pays industriels.
Triade	Les trois pôles qui dominent l'économie et le commerce dans le monde = États-Unis - Union européenne - Japon.
Tsarisme	Nom donné au régime des tsars, c'est-à-dire des souverains russes avant 1917.

U

UE	Union européenne, c'est-à-dire l'Europe des Quinze.
Ultimatum	Dernières conditions imposées par un État à un autre avant de déclarer la guerre.
Une	Première page d'un journal.
Urbain	Habitant d'une agglomération ; s'oppose à **rural**.
Urbanisation	Développement des villes, de la population urbaine.

V

Veto	Expression latine signifiant « je refuse » ; par exemple, le droit de veto est le droit de s'opposer à une loi.

X

Xénophobie	Haine de l'étranger.

Z

ZEE	Zone économique exclusive, espace maritime contrôlé par un État.

Biographies

Les principaux hommes politiques du XXᵉ siècle.

Blum Léon (1872-1950)
Élu député en 1919, il est à la tête de la SFIO à partir du congrès de Tours (1920). Il dirige le gouvernement de Front populaire en France à partir de mai 1936.

Churchill Winston (1874-1965)
Personnage politique anglais. De 1940 à 1945, il est l'« homme » de la résistance de l'Angleterre face à Hitler.

Eisenhower Dwight David (1890-1969)
Général américain, il commande les débarquements en Afrique du Nord et en Normandie (1944). Candidat républicain, il est élu deux fois président des États-Unis (1952 et 1956).

De Gaulle Charles (1890-1970)
Général français, qui appelle à la Résistance, le 18 juin 1940, depuis Londres. Il est à la tête de la « France libre » pendant la Seconde Guerre mondiale. Chef du gouvernement provisoire de la République à la Libération, il démissionne en 1946. Il est président de la République de 1958 à 1969, sous la Vᵉ République.

Gorbatchev Mikhaïl (né en 1931)
Secrétaire général du Parti communiste d'Union Soviétique (PCUS) en 1985, il est aussi président du Praesidium suprême. Il est alors l'« homme » de la « Perestroïka ». Il quitte le pouvoir lors de la disparition de l'URSS en décembre 1991.

Hitler Adolf (1889-1945)
Né en Autriche, il est issu d'une famille de paysans et de petits fonctionnaires. Il combat dans les armées allemandes pendant la guerre de 1914-1918. Il est profondément humilié par la défaite. En 1919, il devient le chef du Parti allemand national-socialiste des travailleurs (en abrégé : parti nazi). Il est l'auteur du livre *Mein Kampf* dans lequel il

présente sa doctrine. Nommé chancelier en 1933 par le président de la République, Hindenburg, il devient Reichsführer à la mort de celui-ci. Il est dictateur de l'Allemagne nazie jusqu'en 1945.

Kennedy John Fitzgerald (1917-1963)
Démocrate, il est élu président des États-Unis en 1960. Il lutte contre la ségrégation raciale et contre la pauvreté. Partisan de la détente, il risposte avec fermeté à l'URSS lors de la crise de Cuba. C'est sous sa présidence que commence la guerre du Viêt-nam. Il meurt assassiné en 1963.

Khrouchtchev Nikita (1894-1971)
Il est premier secrétaire du Parti communiste d'Union soviétique (PCUS) en 1953, à la mort de Staline. Il pratique la «déstalinisation» et est favorable à la détente dans les relations Est-Ouest. Il est écarté du pouvoir en 1964.

Lénine Vladimir Illitch Oulianov (1870-1924)
Il est né dans une famille de la moyenne bourgeoisie. Il fonde le parti bolchevique et, en 1917, il prépare et dirige la révolution d'Octobre. Pendant la guerre civile, il impose le communisme de guerre jusqu'en 1921 où il instaure une Nouvelle politique économique, la NEP.

Mendès France Pierre (1907-1982)
Président du Conseil sous la IVe République, il essaie de résoudre les problèmes de la décolonisation. Il signe en 1954 les accords de Genève qui mettent fin à la guerre d'Indochine. Sous la Ve République, il est dans l'opposition.

Pétain Philippe (1856-1951)
Il est fait maréchal de France en 1918 pour son rôle joué pendant la guerre (victoire de Verdun). Après la défaite en 1940, il devient le chef du gouvernement de Vichy et accepte la collaboration avec Hitler. Condamné à mort à la Libération, sa peine est commuée en détention à perpétuité à l'île d'Yeu.

Roosevelt Franklin Delano (1882-1945)
Candidat démocrate, il est élu président des États-Unis en novembre 1932. Handicapé physique, il force l'admiration par son courage. Un courage dont les Américains ont besoin ; c'est pourquoi ils le préfèrent au républicain Hoover qui ne semble rien faire pour sortir le pays de la crise. Cas unique dans l'histoire des États-Unis, il est réélu en 1936, 1940 et 1944.

Staline Joseph Vissarionovitch Djougachvili (1879-1953)

La dureté de son caractère lui vaut le surnom de «l'homme d'acier», ou Staline. En 1917, il devient commissaire du peuple aux nationalités. Successeur de Lénine, il rompt avec la NEP après 1928 et lance la planification et la collectivisation. Alors que s'amplifie le culte de la personnalité, Staline consolide sa dictature par les «purges». Après la guerre de 1939-1945, il fait tomber le «rideau de fer» sur l'Europe.

Trotski Léon (1879-1940)

Il adhère au parti bolchevique en 1917. Aux côtés de Lénine pendant la révolution d'octobre, il est nommé commissaire du peuple aux Affaires étrangères. Il met en place l'Armée rouge. Après la mort de Lénine, il est évincé par Staline qui le fait assassiner au Mexique en 1940.

Truman Harry (1884-1973)

Vice-président démocrate puis successeur de Roosevelt en 1945, il est élu en 1948 président des États-Unis. Il met fin à la Seconde Guerre mondiale en utilisant la bombe atomique contre les Japonais et met en place le plan Marshall.

Chiffres-clés

LES GRANDES PUISSANCES ÉCONOMIQUES EN CHIFFRES

	France	États-Unis	Japon	Union européenne
Surface en km^2	551 500	9 363 000	377 800	2 362 000
Population, en millions d'habitants	58,8	270,2	126,4	375,3
Densité en hab./km^2	107	28,9	335	150*
Croissance annuelle de la population en %	0,3	0,8	0,2	1,6
Espérance de vie H/F en années	74-82	73-79	77-83	67-77
PNB en milliards $	1 534	7 341	4 651	8 415
rang mondial	4	1	2	
Croissance annuelle du PNB en %	3,7	1,3	1,1	3,1*
PNB/hab. en $	26 270	28 020	40 940	23 640*
rang mondial	14e	10e	3e	1 à 56e
IDH, rang mondial	2	4	8	2 à 33
Part de la population active en %				
– dans l'agriculture	6	3	7	6,5*
– dans l'industrie	29	25	34	27,7*
– dans les services	65	72	59	65,8*
– au chômage	5	12,4	3,4	10,1*

* Moyenne des quinze États de l'Union européenne.

Sources : *Images économiques du monde,* 1999, Sedes ; *Atlaseco,* 1999, Le Nouvel Observateur, *Historiens-géographes,* avril-mai 1999.

OFFRE DÉCOUVERTE

2 mois (44 nos) = 100F seulement
+ 1 cadeau : Le carnet du reporter

Découvrez *l'actu*, le seul quotidien en France pour les jeunes à partir de 14 ans.

Chaque jour :
- L'essentiel de l'actualité en 10 minutes de lecture par jour.
- 8 pages chaque jour. Et tous les mardis, un supplément de 4 pages : *Le Dosssier de l'actu* en lien avec le programme scolaire. Et le samedi, tous les 15 jours, un supplément Internet de 8 pages.
- Des cartes pour repérer facilement les événements.
- Des notions et des mots-clés pour tout comprendre.
- Des docs très complets à conserver pour les exposés.

+ 1 cadeau : **Le carnet du reporter**
Un carnet très pratique pour prendre des notes ou servir de pense-bête...
100 feuillets - 7 cm x 10 cm

BON D'ABONNEMENT À *l'actu*
À renvoyer à : l'actu - B 462 - 60732 Sainte-Geneviève Cedex

OUI, je souhaite profiter de votre offre découverte.
J'ai bien noté que *l'actu* parviendra à l'adresse ci-dessous chaque jour, <u>du mardi au samedi inclus</u>, ainsi que les deux suppléments gratuits, pendant 2 mois (soit 44 nos).
Le cadeau, *Le carnet du reporter*, sera expédié <u>séparément</u> sous 3 semaines.

Je règle 100F par : ❑ chèque bancaire ou postal, à l'ordre de *l'actu*

❑ carte bancaire n° : ⊔⊔⊔⊔⊔⊔⊔⊔⊔⊔⊔⊔⊔⊔⊔⊔   Expire fin : ⊔⊔ ⊔⊔
Signature obligatoire :

Sexe : ❑ F ❑ M   **Coordonnées de l'abonné(e)**   APY
Prénom : .... Nom : ....
Adresse : ....
Code postal : .... Commune : ....
Tél. : .... Date de naissance : ....
E-mail (facultatif) : ....

En application de l'article 27 de la loi du 6 janvier 1978, les informations ci-dessus sont indispensables au traitement de votre commande et sont exclusivement communiquées aux destinataires la traitant. Elles peuvent donner lieu à l'exercice du droit d'accès et rectification. Vous pouvez vous opposer à ce que vos nom et adresse soient cédés ultérieurement.

Bussière Camedan Imprimeries
à Saint-Amand (Cher), France.
Dépôt légal : août 2000. N° d'édit. : 11383. N° d'imp. : 003667/1.